L'industrie de l'Holocauste

Norman G. Finkelstein

Postface par Rony Brauman

L'industrie de l'Holocauste

réflexions sur l'exploitation de la souffrance des Juifs

traduit de l'américain par Eric Hazan

La fabrique
éditions

La fabrique éditions
9, rue Saint-Roch
75001 Paris
lafabrique@free.fr
Diffusion : Les Belles Lettres

Titre original : *The Holocaust Industry : Reflections on the Exploitation of Jewish Suffering*

Conception graphique :
Jérôme Saint-Loubert Bié
Réalisation : Hélène Guillaume
Relecture : Stéphanie Grégoire
Impression : Floch, Mayenne
ISBN : 2 913372 10 4

Sommaire

Introduction

Ce livre est à la fois une étude anatomique et une mise en accusation de l'industrie de l'Holocauste. Mon propos est de démontrer que « l'Holocauste » est une représentation idéologique de l'holocauste nazi[1]. Comme la plupart des idéologies, elle revêt un certain lien, même s'il est ténu, avec la réalité. L'Holocauste n'est pas une construction arbitraire, elle a sa cohérence interne. Ses dogmes centraux sont au service d'importants intérêts politiques et sociaux. L'Holocauste s'est vraiment révélé une arme idéologique indispensable. Grâce à la mise en œuvre de cette industrie, un pays doté d'une puissance militaire parmi les plus redoutables, présentant un dossier désastreux en matière de droits de l'homme, s'est assigné à lui-même un rôle d'État-victime, et le groupe ethnique* qui réussit le mieux aux États-Unis a lui aussi acquis un statut de victime. Cette façon spécieuse de se poser en victime rapporte des dividendes considérables et en particulier elle immunise contre toute critique, si justifiée soit elle. J'ajouterai que ceux qui jouissent de cette immunité n'ont pas échappé à la corruption morale qui va habituellement

1. Dans ce texte, *holocauste nazi* désigne l'événement historique réel, et *Holocauste*, sa représentation idéologique.

* *Ethnic group* est une expression très courante aux États-Unis pour désigner les minorités. On l'a conservée ici, dans ce contexte américain, malgré ses connotations désagréables en français (N.d.T.).

de pair avec elle. De ce point de vue, ce n'est nullement un hasard si Elie Wiesel est devenu l'interprète officiel de l'Holocauste. Il n'a pas acquis cette situation par ses engagements humanitaires ni par ses talents littéraires[2]. Il joue ce rôle important parce qu'infailliblement il donne corps aux dogmes et soutient les intérêts de l'Holocauste.

Ce qui m'a poussé à écrire ce livre, c'est le travail fondateur de Peter Novick, *The Holocaust in American Life*, dont j'ai rendu compte dans un journal littéraire anglais[3]. Le présent livre élargit le champ du dialogue critique que j'ai établi avec Novick, d'où les nombreuses références à son travail. *The Holocaust in American Life*, qui est davantage un pêle-mêle de notations incisives qu'une critique méthodique, appartient à la respectable tradition américaine des ouvrages qui déterrent les scandales. Et comme la plupart de ceux qui s'essaient à ce genre, Novick ne met l'accent que sur les abus les plus énormes. Tout caustique et décapant qu'il est, son livre ne constitue pas une critique radicale. Les postulats de base ne sont pas remis en question. Ni anodin ni vraiment hérétique, ce livre se situe à l'extrême de la contro-

---

2. Sur les états de service de Wiesel dans la justification d'Israël, voir Norman G. Finkelstein et Ruth Bettina Birn, *A Nation on Trial, the Goldhagen Thesis and Historical Truth*, New York, 1998 (trad. fr. par Denis Berger, *L'Allemagne en procès : la thèse de Goldhagen et la vérité historique*, Albin Michel, 1999). Son dossier sur d'autres points n'est pas plus brillant. Dans un nouvel ouvrage, *Et la mer n'est pas remplie : mémoires II* (Paris, Le Seuil, 1996), Wiesel explique son silence sur les souffrances des Palestiniens en ces termes étranges : « Malgré les pressions plus ou moins fortes auxquelles j'étais soumis, je refusais de prendre publiquement position dans le conflit israélo-arabe. » (p. 192) Dans sa revue détaillée de la littérature sur l'Holocauste, le critique Irving Howe évacue le vaste corpus de Wiesel en un seul paragraphe où l'on trouve cet éloge nuancé : « Le premier livre d'Elie Wiesel, *La Nuit* [Éditions de Minuit, 1973] [est] écrit de façon simple et sans facilités rhétoriques. » Un autre critique, Alfred Kazin, est du même avis : « Depuis *La Nuit*, rien ne vaut la peine d'être lu. Elie n'est plus qu'un homme de spectacle. Il s'est défini lui même devant moi comme "un conférencier déchiré". » (Irving Howe, « Writing and the Holocaust » in *New Republic*, 27 octobre 1986 ; Alfred Kazin, *A Lifetime Burning in Every Moment*, New York, 1996, p. 179)

3. Norman Finkelstein, « Uses of the Holocaust » in *London Review of Books*, 6 janvier 2000.

verse, tout en restant dans le spectre des idées dominantes. Comme on pouvait le prévoir, il a été très remarqué par les médias américains, même si sa réception a été mitigée.

Dans l'analyse de Novick, la catégorie centrale est la « mémoire », concept qui fait fureur aujourd'hui mais qui est sûrement le plus pauvre qui soit apparu depuis bien longtemps. Avec l'obligatoire clin d'œil du côté de Maurice Halbwachs, Novick s'attache à démontrer la façon dont les « problèmes actuels » donnent sa forme à la « mémoire de l'Holocauste ». Jadis, les intellectuels contestataires utilisaient des catégories politiques solides, comme « puissance », « intérêts » d'un côté, et, de l'autre, « idéologie ». Aujourd'hui ne demeurent que les termes mous et dépolitisés de « problèmes » et de « mémoire ». Mais les preuves qu'apporte Novick montrent que la mémoire de l'Holocauste *est* une construction idéologique liée à des intérêts précis. Cependant, pour lui, la mémoire de l'Holocauste bien que sélective « est plus souvent arbitraire que l'inverse ». Le choix, dit-il, n'est pas fait « en pesant les avantages et les inconvénients » mais plutôt « sans beaucoup se soucier [...] des conséquences.[4] » Les faits suggèrent pourtant une conclusion opposée.

À l'origine, mon intérêt pour l'holocauste nazi fut de nature personnelle. Mon père et ma mère étaient des survivants du ghetto de Varsovie et des camps. En dehors de mes parents, tous les membres de ma famille des deux côtés ont été exterminés par les nazis. Mon souvenir le plus lointain de l'holocauste nazi est celui de ma mère, collée devant le poste de télévision pour regarder le procès Eichmann (1961) quand je revenais de l'école. Bien qu'ils n'aient quitté le camp que seize ans avant le procès, il y a toujours

---

4. Peter Novick, *The Holocaust in American Life*, New York, 1999, pp. 3-6.

eu dans mon esprit un abîme infranchissable entre les parents que je connaissais et *ça*. Sur le mur du salon, on avait accroché des photographies de la famille de ma mère (du côté de mon père aucune image n'avait survécu à la guerre). Je n'ai jamais pu me sentir lié avec ces personnages, et encore moins concevoir ce qui leur était arrivé. C'étaient les frères, les sœurs, les parents de ma mère et non mes oncles, mes tantes ou mes grands-parents. Je me souviens qu'enfant, je lisais *La Muraille* de John Hersey et *Mila 18* de Leon Uris, deux récits romancés sur le ghetto de Varsovie (je me rappelle que ma mère, plongée dans *La Muraille*, avait raté sa station de métro en se rendant au travail). Malgré mes efforts, j'étais incapable de faire, même très brièvement, le travail d'imagination qui m'aurait permis de rattacher mes parents à ce passé. Pour être franc, je ne peux toujours pas le faire.

Mais le point le plus important est le suivant. En dehors de cette présence fantomatique, je ne me souviens pas que l'holocauste nazi ait jamais été présent dans mon enfance. La principale raison à cela, c'était qu'en dehors de ma famille, personne ne semblait s'intéresser à ce passé. Parmi mes amis, on lisait beaucoup et on discutait avec passion des événements du jour. Mais en toute honnêteté, je ne me souviens pas d'une seule occasion où un ami (ou le parent d'un ami) ait posé la moindre question sur ce que mon père et ma mère avaient enduré. Il ne s'agissait pas d'un silence respectueux. C'était simplement de l'indifférence. Ceci ne peut que nourrir un certain scepticisme devant tout le pathos qui s'est déversé plus tard, une fois l'industrie de l'Holocauste fermement établie.

Il m'arrive de penser que la « découverte » de l'holocauste nazi par le milieu juif américain a eu des effets plus pervers que s'il avait été oublié. Mes parents, il est vrai, ressassaient le passé en privé. Ils souffraient de ne pas voir reconnaître ce qu'ils avaient enduré. Mais cette situation n'était-elle pas préférable à la grossière exploitation du martyre juif qui a lieu aujourd'hui ? Avant que l'holocauste nazi devienne l'Holocauste, on ne trouvait qu'un petit nombre de livres sur le sujet, des études scientifiques comme *La Destruction des Juifs d'Europe* de Raul Hilberg, ou des souvenirs, comme *Découvrir un sens à sa vie avec la logothérapie* de Victor Frankl et *Prisoners of Fear* d'Ella Lingens-Reiner[5]. Mais ces quelques joyaux valent mieux que tout le fatras qui encombre aujourd'hui les étagères des bibliothèques et des librairies.

Mes parents, bien qu'ils aient tous deux passé le reste de leur existence à revivre le passé, avaient à la fin de leur vie perdu tout intérêt pour l'Holocauste comme spectacle public. Mon père avait un vieil ami, un compagnon d'Auschwitz, un idéaliste de gauche apparemment incorruptible, qui avait refusé par principe l'argent des réparations allemandes après la guerre. Il avait fini par accepter le poste de directeur de Yad Vashem, le musée de l'Holocauste en Israël. Mon père, sincèrement déçu, avait été obligé d'admettre que même cet homme avait été corrompu par l'industrie de l'Holocauste, avait trahi ses convictions pour le pouvoir et l'appât du gain. L'interprétation de l'Holocauste prenant chaque jour des formes plus absurdes, ma mère citait souvent avec ironie Henry Ford : « L'Histoire, c'est de la blague. » C'étaient surtout les affabulations des « survivants de l'Holocauste », tous héros de la Résistance dans les camps

5. Raul Hilberg, *The Destruction of the European Jews* (trad. fr. par Marie-France de Palomera, *La Destruction des Juifs d'Europe*, Paris, Gallimard, 1991), New York, 1961 ; Victor Frankl, *Man's Search for Meaning* (trad. fr. par Clifford J. Bacon, *Découvrir un sens à sa vie avec la logothérapie*, Montréal, Actualisation, 1988), New York, 1959 ; Ella Lingens-Reiner, *Prisoners of Fear*, Londres, 1948.

de concentration, qui provoquaient à la maison des sarcasmes grinçants. John Stuart Mill a fait remarquer, il y a longtemps déjà, que les vérités, lorsqu'elles ne sont pas soumises à une réévaluation permanente, finissent par « cesser d'avoir un effet de vérité par leur exagération qui les transforme en mensonges ».

Mes parents se demandaient souvent pourquoi j'étais si indigné par la falsification et l'exploitation du génocide nazi. La réponse la plus évidente est qu'elles servent à justifier la politique criminelle de l'État d'Israël et l'appui des États-Unis à cette politique. J'ai aussi une raison plus personnelle. J'attache de l'importance à la mémoire des persécutions de ma famille. La campagne que mène actuellement l'industrie de l'Holocauste pour extorquer de l'argent à l'Europe au nom de « victimes de l'Holocauste dans le besoin » a réduit le statut moral de leur martyre à celui du casino de Monte-Carlo. Indépendamment même de ce souci, je reste convaincu qu'il faut préserver – et se battre pour – l'intégrité de l'enregistrement des faits historiques. À la fin de ce livre, j'émets la suggestion que l'holocauste nazi peut nous apprendre beaucoup, non seulement sur « les Allemands » ou sur « les Goyim », mais sur nous tous. Mais pour cela, pour tirer de vrais enseignements de l'holocauste nazi, je pense qu'il faut faire passer sa dimension morale avant sa dimension matérielle. On a investi trop de ressources publiques et privées dans la célébration de la mémoire de l'holocauste nazi. La plupart des résultats sont sans intérêt : ce sont des hommages qui s'adressent non pas à la souffrance juive, mais à la puissance juive. Il n'est que temps d'ouvrir nos cœurs à la souffrance du reste de l'humanité. C'est la plus grande leçon que ma mère m'ait donnée. Pas une fois je ne l'ai entendu dire : ne fais pas de comparaisons. Ma mère comparait *toujours*. Bien sûr, les distinctions historiques sont importantes.

Mais fabriquer des distinctions *morales* entre « nos » souffrances et « les leurs », c'est travestir la morale. « Vous ne pouvez pas établir une comparaison entre deux êtres misérables, disait Platon, et affirmer que l'un est plus heureux que l'autre. » Devant les souffrances des Afro-Américains, des Vietnamiens et des Palestiniens, le credo de ma mère a toujours été : nous sommes tous des victimes de l'holocauste.

Norman Finkelstein, New York, avril 2000.

I - La capitalisation de l'Holocauste

Il y a quelques années, dans une mémorable controverse, Gore Vidal accusait Norman Podhoretz – alors rédacteur en chef de *Commentary*, le périodique de l'American Jewish Committee – d'être non-américain, *un-American*[1]. Il en voulait pour preuve que Podhoretz attachait moins d'importance à la guerre de Sécession – « la grande, l'unique tragédie qui continue à faire entendre son écho dans notre République » – qu'aux problèmes juifs. Podhoretz était pourtant plus américain peut-être que son accusateur. Car c'était alors « la guerre contre les Juifs » qui était au centre de la vie culturelle américaine, bien plus que « la guerre entre les États ». En comparaison avec la guerre de Sécession, les étudiants entrant à l'université sont bien plus nombreux à pouvoir situer l'holocauste nazi au bon siècle et généralement à donner le nombre des victimes : la plupart des enseignants peuvent en témoigner. En fait, l'holocauste nazi est à peu près la seule référence historique qui fasse sens dans un amphithéâtre universitaire aujourd'hui. Les sondages montrent qu'on trouve beaucoup plus d'Américains capables de définir l'Holocauste que Pearl Harbour ou le bombardement atomique du Japon.

Pourtant, jusqu'à une époque assez récente, l'holocauste nazi ne tenait guère de place dans la vie

1. Gore Vidal, « The Empire Lovers Strike Back » in *Nation*, 22 mars 1986.

américaine. Entre 1945 et la fin des années 1960, on ne trouvait que très peu de livres et de films sur le sujet, et il n'y avait qu'une seule université à offrir un cursus s'y rapportant[2]. Quand, en 1963, Hannah Arendt publia *Eichmann à Jérusalem : rapport sur la banalité du mal*, elle ne pouvait se référer qu'à deux travaux de recherche en anglais : *The Final Solution* de Gerald Reitlinger et *La Destruction des Juifs d'Europe* de Raul Hilberg[3]. Ce chef-d'œuvre lui-même n'est pas venu au jour sans peine. Franz Neumann, un sociologue juif allemand qui était le directeur de thèse de Hilberg à la Columbia University, lui déconseillait fortement de travailler sur ce sujet (« Ce sera votre enterrement. ») et aucune grande maison d'édition, universitaire ou privée, n'acceptait d'ouvrir seulement le manuscrit terminé. Quand le livre fut finalement publié, il ne recueillit qu'un petit nombre de critiques, pour la plupart négatives[4].

Non seulement les Américains en général, mais aussi les Juifs américains – y compris les intellectuels – n'attachaient pas grande importance à l'holocauste nazi. Dans une synthèse écrite en 1957 et faisant autorité, le sociologue Nathan Glazer notait que la Solution finale – comme d'ailleurs l'État d'Israël – « avait un

---

2. Rochelle G. Saidel, *Never Too Late to Remember*, New York, 1996, p. 32.

3. Hannah Arendt, *Eichmann à Jérusalem : rapport sur la banalité du mal*, Paris, Gallimard, 1966. La situation en Allemagne n'était pas très différente. La biographie d'Hitler par Joachim Fest (1973), à juste titre admirée, ne consacre que quatre pages sur 750 à l'extermination des Juifs et un seul paragraphe à Auschwitz et aux autres camps de la mort. (Joachim C. Fest, *Hitler* [trad. fr. par Guy Fritsch-Estrangin, *Hitler*, Paris, Gallimard, 1973], New York, 1975, pp. 679-682)

4. Raul Hilberg, *The Politics of Memory* (trad. fr. par Marie-France de Palomera, *La Politique de la mémoire*, Paris, Gallimard, 1996), Chicago, 1996, pp. 66, 105-137. Comme pour les travaux universitaires, la qualité des rares films sur le sujet était impressionnante. Il est étonnant de voir, dans *Judgment at Nuremberg* de Stanley Kramer (1961) une référence explicite à la décision de Oliver Wendell Homes, juge à la Cour suprême, soutenant en 1927 la stérilisation des « handicapés mentaux », référence qui faisait de cette pratique un élément précurseur de l'eugénisme nazi. On trouvait également dans ce film des allusions aux éloges d'Hitler par Churchill (jusqu'en 1938), aux profits tirés par l'industrie américaine du réarmement de l'Allemagne d'Hitler, et à l'acquittement des magnats de l'industrie allemande après la guerre par le tribunal militaire américain.

impact remarquablement faible sur la vie du milieu juif américain ». Dans un symposium organisé par *Commentary* en 1961 sur « Judaïté et jeunesse intellectuelle », seuls deux participants sur trente et un insistèrent sur l'importance de l'holocauste nazi. La même année, une table ronde organisée par le journal *Judaism* et réunissant vingt et un Juifs pratiquants sur le thème « Mon affirmation comme Juif » faisait presque complètement l'impasse sur le sujet[5]. Il n'existait aux États-Unis ni monuments ni autres témoignages d'hommage aux victimes de l'holocauste nazi. Les grandes organisations juives étaient même opposées à de telles manifestations de la mémoire. On peut se demander quelle en est la raison.

L'explication courante est que les Juifs étaient si traumatisés par l'holocauste nazi qu'ils en occultaient la mémoire. Il n'existe cependant rien de concret à l'appui de cette thèse. Certains survivants, il est vrai, ne souhaitaient pas parler de ce qu'ils avaient vécu. Mais beaucoup d'autres avaient très envie de raconter, et quand l'occasion se présentait, ils étaient intarissables[6]. Le problème, c'était que les Américains ne voulaient pas écouter.

La vraie raison du silence public sur l'extermination des Juifs tenait au conformisme des dirigeants juifs américains et au climat politique de l'Amérique d'après-guerre. En politique intérieure comme dans les affaires étrangères, les élites juives[7] américaines s'alignaient strictement sur la politique officielle du gouvernement. Cette attitude permettait d'atteindre

---

5. Nathan Glazer, *American Judaism* (trad. fr. par Eddy Trèves, *Les Juifs américains : du XVIIIe siècle à nos jours*, Paris, Calmann-Lévy, 1972), Chicago, 1957, p. 114 ; Stephen J. Whitfield, « The Holocaust and the American Jewish Intellectual » in *Judaism*, automne 1979.

6. Pour un commentaire intelligent sur ces deux types de survivants, voir Primo Levi, *La Tregua* (trad. fr. par Emmanuelle Genevois-Joly, *La Trêve*, Paris, Grasset, 1997).

7. Élites juives : ce terme, ici, désigne les personnalités en vue dans la vie des organisations et dans la culture juive dominante.

plus facilement les buts traditionnels, l'assimilation et l'accès aux postes de pouvoir. Dès le début de la guerre froide, les principales institutions juives se lancèrent dans le combat. Les élites juives américaines « oublièrent » l'holocauste nazi parce que l'Allemagne – l'Allemagne de l'Ouest en 1949 – était devenue un allié déterminant des États-Unis dans la confrontation avec l'Union soviétique.

Avec des réserves mineures et vite écartées, les grandes organisations juives soutinrent la position américaine en faveur du réarmement d'une Allemagne mal dénazifiée. L'American Jewish Committee (AJC), craignant qu'« une opposition organisée des Juifs américains à la stratégie et à la nouvelle politique étrangère ne les isole aux yeux de la majorité non-juive et nuise à leur réussite d'après-guerre sur la scène intérieure », fut le premier à prêcher les vertus de l'alignement. Le Congrès juif mondial (WJC), pro-sioniste, et sa branche américaine abandonnèrent leur opposition après avoir signé les accords de réparation avec l'Allemagne au début des années 1950. L'Anti-Defamation League (ADL) fut la première grande organisation juive à envoyer une délégation en Allemagne, en 1954. Ensemble, ces organisations collaborèrent avec le gouvernement de Bonn pour endiguer la « vague anti-allemande » dans l'opinion populaire juive[8].

Il y avait une autre raison pour faire de la Solution finale un sujet tabou dans l'élite juive. Les Juifs de gauche ne cessaient d'attaquer l'alignement avec l'Allemagne contre l'Union soviétique dans la guerre froide. Le rappel de l'holocauste nazi était donc étiqueté comme propagande communiste. Affligées du stéréotype qui assimilait les Juifs à la gauche – de

---

8. Shlomo Shafir, *Ambiguous Relations: The American Jewish Community and Germany since 1945*, Detroit, 1999, pp. 88, 98, 100-101, 111, 113, 114, 177, 192, 215, 231, 251.

fait, ils formaient le tiers des électeurs du candidat progressiste aux présidentielles de 1948, Henry Wallace – les élites juives américaines n'hésitaient pas à sacrifier leurs ouailles sur l'autel de l'anticommunisme. L'AJC et l'ADL ouvrirent aux agences gouvernementales leurs dossiers sur de supposés subversifs juifs et collaborèrent activement à la chasse aux sorcières de l'ère McCarthy. L'AJC appuya la condamnation à mort des Rosenberg, cependant que son organe, *Commentary*, publiait un article affirmant qu'ils n'étaient pas *vraiment* juifs.

Craignant de se trouver affiliées à la gauche à l'intérieur et à l'étranger, les organisations juives s'opposaient à la coopération avec les socio-démocrates allemands anti-nazis, comme au boycott des firmes allemandes et aux manifestations contre la visite d'anciens nazis aux États-Unis. Et en même temps, des dissidents allemands comme le pasteur Martin Niemöller, qui avait passé huit ans en camp de concentration et qui luttait maintenant contre la croisade anticommuniste, étaient calomniés par les dirigeants juifs américains lors de leurs visites. Pour doper leurs états de service anticommunistes, les élites juives en arrivaient même à s'adjoindre – et à financer – les services d'organisations d'extrême-droite comme l'All American Conference to Combat Communism, tout en faisant semblant de ne rien voir lorsque des vétérans SS arrivaient aux États-Unis[9].

Toujours soucieuses de s'attirer les bonnes grâces des classes dirigeantes américaines et de se dissocier

---

9. Ibid, pp. 98, 106, 123-137, 205, 215-216, 249. Robert Warshaw, « The "Idealism" of Julius and Ethel Rosenberg » in *Commentary*, novembre 1953. Était-ce une coïncidence si, au même moment, les organisations juives s'en prenaient à Hannah Arendt pour avoir mis l'accent sur la collaboration des élites juives pendant le nazisme ? Rappelant le rôle néfaste de la police du Conseil juif (*Judenrat*). Yitzhak Zuckerman, l'un des dirigeants de l'insurrection du ghetto de Varsovie, observait : « Il n'y avait pas de "bons" policiers, car les "bons" laissaient tomber leur uniforme et devenaient de simples Juifs. » (*A Surplus of Memory*, Oxford, 1993, p. 244)

de la gauche juive, les organisations juives ont bien invoqué l'holocauste nazi, mais dans une circonstance précise : pour dénoncer l'Union soviétique. Un mémorandum interne de l'AJC, cité par Novick, notait avec satisfaction que « la politique soviétique [contre les Juifs] ouvre des perspectives qui ne doivent pas être sous-estimées, pour faciliter la mise en œuvre de certains points du programme de l'AJC dans le pays ». Ce qui signifiait mettre dans le même sac la Solution finale des nazis et l'antisémitisme russe. « Staline va réussir là où Hitler a échoué », prédisait sur un ton lugubre *Commentary*. « Il va finalement éliminer les Juifs d'Europe centrale et orientale. [...] Le parallèle avec la politique d'extermination nazie est quasi-absolu. » Les principales organisations juives ont même dénoncé l'invasion de la Hongrie par les Soviétiques en 1956 comme n'étant « que la première étape vers un Auschwitz russe[10] ».

***

Tout va changer au moment de la guerre israélo-arabe de juin 1967. Pratiquement toutes les sources montrent que c'est seulement après ce conflit que l'Holocauste devient une constante de la vie juive américaine[11]. Pour expliquer cette transformation, il est habituel de dire que pendant cette guerre, l'isolement et la vulnérabilité d'Israël ont ravivé la mémoire de l'extermination par les nazis. En fait, cette façon de voir méconnaît à la fois la réalité du

---

10. Novick, *The Holocaust, op. cit.*, pp. 98-100. Outre la guerre froide, d'autres facteurs secondaires ont joué un rôle dans le silence des milieux juifs sur l'holocauste nazi après la guerre, comme la peur de l'antisémitisme, et l'ethos assimilationniste des années 1950. Novick explore ces points dans les chapitres 4-7 de son livre.

11. Le seul à nier cette relation est Elie Wiesel, qui affirme que l'émergence de l'Holocauste dans la vie américaine est principalement son œuvre (Saidel, *Never Too Late, op. cit*, pp. 33-34).

rapport de forces au Moyen-Orient à cette époque et l'évolution des relations entre les élites juives américaines et Israël.

De même que les principales organisations juives américaines avaient maintenu un profil bas sur l'holocauste nazi pour se conformer aux priorités du gouvernement américain pendant la guerre froide, de même leur attitude envers Israël restait alignée sur la politique des États-Unis. Au départ, les dirigeants juifs américains étaient animés d'une profonde méfiance envers l'idée d'un État juif. Ils craignaient surtout qu'il apporte de l'eau au moulin à l'accusation de « double loyauté ». Ce souci n'avait fait que croître pendant la guerre froide. Dès avant la fondation d'Israël, les élites juives américaines exprimaient la crainte que ses dirigeants, pour la plupart hommes de gauche originaires d'Europe de l'Est, ne rejoignent le camp soviétique. Les organisations juives, bien qu'elles aient fini par embrasser la cause sioniste, suivaient attentivement la situation et s'alignaient sur les signaux venus de Washington. Si l'AJC a soutenu la fondation de l'État d'Israël, c'est parce qu'il craignait un mouvement anti-juif aux États-Unis si les réfugiés juifs d'Europe ne se trouvaient pas rapidement installés quelque part[12]. Bien qu'Israël se soit rangé du côté des Occidentaux dès la formation de l'État, beaucoup d'Israéliens, au gouvernement et en dehors, gardaient de l'affection pour l'Union soviétique. Les dirigeants juifs américains gardaient donc leurs distances envers Israël.

De sa fondation en 1948 jusqu'à la guerre de 1967, Israël ne constituait pas un élément central de la stratégie américaine. Au moment où les dirigeants juifs de Palestine se préparaient à proclamer la fondation de

12. Menahem Kaufman, *An Ambiguous Partnership*, Jérusalem, 1991, pp. 218, 276-277.

l'État, le président Truman hésitait, mettant en balance les considérations électorales intérieures (le vote juif) et les craintes du Département d'État de s'aliéner le monde arabe. Pour préserver les intérêts américains au Moyen-Orient, l'administration Eisenhower maintenait l'équilibre entre Israël et les nations arabes, avec une certaine préférence pour ces dernières.

Les heurts périodiques entre Israël et les États-Unis culminèrent en 1956 avec la crise de Suez, où Israël s'allia avec la France et la Grande-Bretagne pour attaquer l'Égypte de Nasser. Bien que la victoire éclair d'Israël et l'occupation du Sinaï aient démontré son potentiel stratégique, les États-Unis continuaient à n'en faire qu'un atout parmi d'autres dans la région. C'est pourquoi Eisenhower obligea Israël à se retirer du Sinaï sans compensation. Pendant la crise, les dirigeants juifs américains avaient brièvement essayé d'appuyer les Israéliens pour obtenir des concessions de la part des États-Unis, mais finalement, comme le rappelle Arthur Hertzberg, ils « préférèrent conseiller aux Israéliens de se plier aux ordres [d'Eisenhower] plutôt que de s'opposer au président des États-Unis[13] ».

En dehors d'opérations ponctuelles de bienfaisance, Israël avait disparu du champ de vision des Juifs américains peu après la fondation de l'État. Pour eux, Israël n'avait en fait que peu d'importance. On a vu que dans sa synthèse de 1957, Nathan Glazer notait qu'Israël « avait un impact remarquablement faible sur la vie du milieu juif américain[14] ». Le nombre des adhérents de la Zionist Organization of America était

---

13. Arthur Hertzberg, *Jewish Polemics*, New York, 1992, p. 33. Bien qu'il s'agisse d'articles très orientés en faveur des organisations juives américaines, on peut consulter Isaac Alteras, « Eisenhower, American Jewry, and Israel » in *American Jewish Archives*, novembre 1985, et Michael Reiner, « The Reaction of US Jewish Organizations to the Sinai Campaign and its Aftermath » in *Forum*, hiver 1980-1981.
14. Glazer, *American Judaism*, *op. cit.*, p. 114. Glazer continue sur le même thème : « Israël ne signifiait rien pour le judaïsme américain [...] L'idée qu'Israël [...] pourrait affecter sérieusement le judaïsme en Amérique relève de l'illusion. » (p. 115)

passé de centaines de milliers en 1948 à quelques dizaines de milliers dans les années 1960. Avant juin 1967, il n'y avait qu'un Juif américain sur vingt à s'être rendu en Israël. Eisenhower, qui venait d'obliger Israël à un retrait humiliant dans le Sinaï, vit l'appui des Juifs, déjà considérable, augmenter lors de sa réélection de 1956. Au début des années 1960, au moment de l'enlèvement d'Eichmann, Israël reçut même une volée de bois vert en provenance de certains secteurs de l'opinion juive, représentés entre autres par Joseph Proskauer, président sortant de l'AJC, par Oscar Handlin, historien à Harvard et par le *Washington Post*, dont les propriétaires étaient juifs. Erich Fromm* estimait que « le kidnapping d'Eichmann est un acte hors-la-loi, exactement du même ordre que ceux dont les nazis se sont rendus coupables[15] ».

Les intellectuels juifs américains manifestaient une grande indifférence envers le destin d'Israël. Les études consacrées au milieu intellectuel juif dans la gauche new-yorkaise des années 1950 ne faisaient guère mention d'Israël[16]. Juste avant la guerre de juin 1967, l'AJC organisa un symposium sur « l'Identité juive ici et maintenant ». Sur trente et un des « meilleurs esprits de la communauté juive », trois seulement firent mention d'Israël, et pour deux d'entre eux, c'était pour mettre en doute son importance[17]. Il est curieux de constater aujourd'hui que les deux seuls intellectuels juifs de renom à avoir eu un lien avec Israël avant juin 1967 sont Hannah Arendt et Noam Chomsky[18].

---

* Médecin, psychanalyste d'origine judéo-allemande, un des représentants du courant freudo-marxiste (N.d.T.).

15. Shafir, *Ambiguous Relations*, *op. cit.*, p. 222.

16. Voir par exemple Alexander Bloom, *Prodigal Sons*, New York, 1986.

17. Lucy Dawidowicz et Milton Himmelfarb (sous la dir. de), *Conference on Jewish Identity Here and Now*, American Jewish Committee, 1967.

18. Après avoir quitté l'Allemagne en 1933, Arendt devint une militante du mouvement sioniste en France ; pendant la Seconde Guerre mondiale et jusqu'à la fondation d'Israël, elle écrivit de nombreux textes sur le sionisme. Chomsky, fils d'un

Puis survint la guerre de 1967. Impressionnés par le déploiement écrasant de la puissance israélienne, les États-Unis commencèrent à l'élever à la hauteur d'atout stratégique (ils avaient entrepris de faire pencher la balance en faveur d'Israël dès avant la guerre de 1967, voyant les régimes égyptien et syrien s'orienter vers une position de plus en plus indépendante au milieu des années 1960). L'assistance économique et militaire commença à se déverser sur Israël à mesure qu'il devenait une tête de pont américaine au Moyen-Orient.

Pour les élites juives américaines, le fait qu'Israël devienne un allié des États-Unis était une véritable aubaine. Le sionisme avait pour prémisse de base que l'assimilation était un rêve creux et que les Juifs seraient toujours perçus comme des alliés potentiellement déloyaux. C'est pour résoudre ce dilemme que les sionistes avaient eu l'idée de fonder un foyer national juif. Mais la fondation d'Israël aggravait le problème, tout au moins pour les Juifs de la diaspora : il donnait une expression institutionnelle à l'accusation de double loyauté. Paradoxalement, après 1967, Israël *facilitait* l'assimilation aux États-Unis : les Juifs se trouvaient désormais sur la ligne de front, défendant les États-Unis – et même « la civilisation occidentale » – contre les hordes arabes rétrogrades. Alors qu'avant 1967 l'existence d'Israël obligeait à conjurer le spectre de la double loyauté, l'État juif se situait maintenant du côté de la super-loyauté. Ce n'étaient pas les Américains qui se battaient et mouraient pour

grand hébraïste américain, fut élevé dans une famille sioniste et passa quelques temps dans un kibboutz après la création de l'État. Les attaques publiques cherchant à déconsidérer Arendt dans les années 1960 et Chomsky dans les années 1970 étaient lancées par l'ADL. (Elisabeth Young-Bruehl, *Hannah Arendt* [trad. fr. par Joël Roman et Étienne Tassin, *Hannah Arendt*, Paris, Anthropos, 1986], New Haven, 1982, pp. 105-108, 138-139, 143-144, 182-184, 223-233, 348 ; Robert F. Barsky, *Noam Chomsky* [trad. fr. par Geneviève Joublin, *Noam Chomsky : une voix discordante*, Paris, Odile Jacob, 1998], Cambridge, 1997, pp. 9-93 ; David Barsamian (sous la dir. de), *Chronicles of Dissent*, Monroe, ME, 1992, p. 38).

défendre les intérêts des États-Unis, c'étaient les Israéliens. Et, à la différence des GI's au Vietnam, les Israéliens ne se faisaient pas humilier par des combattants issus des tréfonds du Tiers Monde[19].

Soudain, les élites juives découvrirent donc Israël. Après la guerre de 1967, on pouvait vanter le dynamisme militaire d'Israël, puisque ses fusils étaient pointés dans la bonne direction, celle des ennemis de l'Amérique. Ses prouesses martiales pouvaient même faciliter l'entrée dans les sanctuaires du pouvoir américain les mieux gardés. Auparavant, les milieux juifs pouvaient tout juste offrir quelques listes de subversifs juifs. Maintenant, ils pouvaient se présenter comme les interlocuteurs naturels du nouvel atout stratégique de l'Amérique. De figurants, ils pouvaient accéder aux premiers rôles dans le drame de la guerre froide. C'est ainsi que pour les Juifs américains comme pour les États-Unis, Israël devint un atout stratégique.

Dans un ouvrage autobiographique publié juste avant la guerre de Juin, Norman Podhoretz se souvient d'avoir participé à un dîner officiel à la Maison Blanche « où il n'y avait pas un seul invité qui ne fût visiblement et absolument fou de joie de se trouver là[20] ». Bien qu'il fût déjà rédacteur en chef de l'important périodique juif *Commentary*, son texte ne comporte qu'une allusion vague à Israël. Que pouvait offrir Israël à un Juif américain ambitieux ? Dans un texte ultérieur, Podhoretz se souvient qu'après juin 1967, Israël devint « la religion des Juifs américains.[21] » Désormais au premier rang des supporters d'Israël, il n'en était plus à se vanter d'assister à un dîner à la

---

19. Pour une préfiguration de cet argument, voir Hannah Arendt, « Zionism Reconsidered » (1944), in Ron Feldmann (sous la dir. de), *The Jew as Pariah* (trad. fr. par Sylvie Courline-Denamy, *La Tradition cachée : le Juif comme paria*, Paris, Bourgois, 1996), New York, 1978, p. 159.

20. Norman Podhoretz, *Making it*, New York, 1967, p. 336.

21. Norman Podhoretz, *Breaking Ranks*, New York, 1979, p. 335.

Maison Blanche, car il rencontrait le président en tête-à-tête pour discuter de l'intérêt de la Nation.

Après la guerre de 1967, les grandes organisations juives consacrèrent le plus clair de leur activité à consolider l'alliance entre les États-Unis et Israël. Ce qui s'accompagna, dans le cas de l'ADL, d'une vaste opération d'espionnage intérieur, avec le soutien des services de renseignements israélien et sud-africain[22]. La couverture des événements d'Israël par le *New York Times* s'accrut de façon spectaculaire après juin 1967. Dans l'index du journal, les entrées relatives à Israël pour les années 1955 et 1965 occupent sur une colonne de large une hauteur de 150cm, chiffre qui passe à 650 cm pour l'année 1975. « Quand je veux me sentir mieux, note Wiesel en 1973, je lis les articles du *New York Times* sur Israël[23]. » Comme Podhoretz, beaucoup d'intellectuels juifs américains en vue entrèrent « en religion » après la guerre de juin 1967. Novick relate que la doyenne de la littérature sur l'Holocauste, Lucy Dawidowicz, avait autrefois été « une virulente détractrice d'Israël ». En 1953, elle affirmait qu'Israël ne pouvait pas demander des réparations à l'Allemagne et en même temps refuser d'assumer ses responsabilités envers les Palestiniens : « La morale ne peut pas être aussi élastique. » Pourtant, presque immédiatement après la guerre de Juin, L. Dawidowicz devint « un fervent supporter d'Israël », en en faisant « le paradigme collectif de l'image idéale du Juif dans le monde moderne[24] ».

---

22. Robert I. Friedman, « The Anti-Defamation League Is Spying on You » in *Village Voice*, 11 mai 1993. Abdeen Jabara, « The Anti-Defamation League : Civil Rights and Wrongs » in *CovertAction*, été 1993. Matt Isaacs, « Spy vs Spite » in *SF Weekly*, 2-8 février 2000.

23. Elie Wiesel, *Against Silence*, textes choisis et présentés par Irving Abrahamson, New York, 1984, p. 283.

24. Novick, *The Holocaust*, *op. cit.*, p. 147 ; Lucy S. Dawidowicz, *The Jewish Presence*, New York, 1977, p. 26.

L'une des postures favorites des sionistes convertis après la guerre de Juin était d'opposer tacitement leur appui ouvert à un État d'Israël présenté comme assiégé, à la lâcheté des milieux juifs américains pendant l'Holocauste. En réalité, ils faisaient exactement ce que les élites juives ont toujours fait : ils s'alignaient sur le pouvoir américain. Les plus évolués étaient les plus enclins aux attitudes héroïques. Irving Howe, un important intellectuel de gauche qui dirigeait en 1956 le périodique *Dissent*, condamnait alors « l'attaque combinée* contre l'Égypte » comme « immorale ». Bien qu'Israël fût alors véritablement seul, il était accusé de « chauvinisme culturel », de « sentiment quasi-messianique de son destin » et d'« expansionnisme larvé[25] ». Après la guerre d'octobre 1973, moment où le soutien américain à Israël atteignait son maximum, Howe publiait un manifeste personnel « plein d'une extrême anxiété », prenant la défense d'Israël dans son isolement. Le monde des Gentils, se lamentait-il dans une sorte de parodie de Woody Allen, était submergé par l'antisémitisme. Même dans Upper Manhattan, Israël « n'était plus à la mode » : en dehors de lui-même, les gens ne s'intéressaient qu'à Mao, Fanon et Guevara[26].

En tant qu'atout stratégique de l'Amérique, Israël n'était pas à l'abri de critiques. Outre la réprobation internationale croissante devant son refus de négocier avec les Arabes et de se conformer aux résolutions des Nations Unies et devant son soutien inconditionnel des intérêts américains[27], Israël devait aussi faire front à une opposition à l'intérieur des États-Unis.

---

* En 1956, Israël était allié à la France et à l'Angleterre dans la campagne de Suez (N.d.T.)

25. « Eruption in the Middle East » in *Dissent,* hiver 1957.

26. « Israel: Thinking the Unthinkable », in *New York* magazine, 24 décembre 1973.

27. Norman G. Finkelstein, *Image and Reality of the Israel-Palestine Conflict*, New York, 1995, chap. 5-6.

Dans les milieux dirigeants, le clan dit pro-arabe maintenait qu'en mettant tous les œufs dans le panier israélien et en ignorant les aspirations des élites arabes, on compromettait les intérêts nationaux des États-Unis.

Certains soutenaient que l'alignement d'Israël sur la puissance américaine et l'occupation de territoires arabes n'étaient pas seulement mauvais d'un point de vue moral, mais que cette attitude mettait en danger l'État lui-même : Israël risquait de se militariser toujours davantage et de s'aliéner toujours davantage le monde arabe. Pour les nouveaux partisans juifs de l'État d'Israël, une telle façon de penser était proche de l'hérésie : un État d'Israël indépendant et en paix avec ses voisins ne servait plus à rien ; un Israël en symbiose avec des courants du monde arabe cherchant à se rendre indépendants des États-Unis était un désastre. Ce qu'il fallait, c'était une Sparte israélienne étroitement liée au pouvoir américain, car c'est alors seulement que les dirigeants juifs américains pouvaient s'ériger en porte-parole, pour soutenir les ambitions impérialistes des États-Unis. Noam Chomsky a suggéré qu'on devrait plutôt désigner ces « supporters d'Israël » comme les « supporters de la dégénérescence morale et de la destruction finale d'Israël[28] ».

Pour protéger leur atout stratégique, les élites juives américaines « se souvinrent » donc alors de l'Holocauste[29]. L'interprétation habituelle est qu'au moment de la guerre, ils furent bouleversés par la crainte d'un « nouvel holocauste ». À l'examen des faits, cette explication ne tient pas.

---

28. Noam Chomsky, *The Fateful Triangle*, Boston, 1983, p. 4.

29. La carrière d'Elie Wiesel éclaire bien le lien étroit entre l'Holocauste et la guerre de Juin. Bien qu'il ait déjà publié son ouvrage sur Auschwitz, c'est seulement après avoir écrit deux volumes célébrant la victoire israélienne qu'il accéda à la gloire publique. (Wiesel, *Et la mer*, *op. cit.*, p. 82)

Reportons-nous à la première guerre israélo-arabe. En 1948, à la veille de l'indépendance, la menace qui pesait sur les Juifs de Palestine était beaucoup plus grave qu'en 1967. Ben Gourion déclarait que « 700 000 Juifs se trouvaient face à 27 millions d'Arabes – un contre quarante ». Les États-Unis s'associaient à l'embargo sur les armes décidé par l'ONU, consolidant l'avantage des armées arabes en matière d'équipement. Les Juifs américains étaient hantés par la crainte d'une nouvelle Solution finale. L'AJC, déplorant que les États arabes « arment le Mufti, l'homme-lige de Hitler, alors que les États-Unis renforcent leur embargo sur les armes », prévoyait « un suicide en masse et un holocauste total en Palestine ». Même le secrétaire d'État George Marshall et la CIA prévoyaient une défaite certaine d'Israël en cas de guerre[30]. Bien qu'en fin de compte, « le plus fort ait gagné », comme l'a montré l'historien israélien Benny Morris, cette guerre ne fut pas pour Israël une simple promenade militaire. Au début de 1948, dans les premiers mois de la guerre, et plus encore après la déclaration d'indépendance en mai, Yigael Yadin, le chef des opérations de la Haganah, évaluait les chances de succès à 50/50. Sans un accord secret de livraison d'armes avec la Tchécoslovaquie, il est probable que l'État d'Israël n'aurait pas survécu[31]. Après une année de guerre, ses pertes s'élevaient à 6000 hommes, soit un pour cent de la population. Pourquoi, dans ces conditions, l'Holocauste n'est-il pas devenu un sujet central dans la vie juive américaine après la guerre de 1948 ?

En 1967, Israël était à l'évidence bien moins vulnérable qu'au moment de la guerre d'indépendance. Les dirigeants américains et israéliens savaient dès le

30. Kaufman, *Ambiguous Partnership*, pp. 287, 306-307 ; Steven L. Spiegel, *The Other Arab-Israeli Conflict*, Chicago, 1985, pp. 17, 32.
31. Benny Morris, *1948 and After*, Oxford, 1990, pp. 14-15 ; Uri Bialer, *Between East and West*, Cambridge, 1990, pp. 180-181.

début qu'Israël l'emporterait facilement. Et les faits confirmèrent cette évidence puisque les pays arabes furent mis en déroute dès les premiers jours. Comme le rapporte Novick, « il y eut extrêmement peu de références à l'Holocauste au cours de la mobilisation des Juifs américains en faveur d'Israël avant le déclenchement de la guerre[32] ». L'industrie de l'Holocauste ne se développa qu'*après* la démonstration de l'écrasante supériorité militaire israélienne, et elle prit corps dans un climat d'extrême triomphalisme en Israël[33]. L'explication traditionnelle ne peut pas rendre compte de ces contradictions.

Lors de la guerre d'octobre 1973, le choc causé par les revers israéliens initiaux, l'importance des pertes et l'isolement croissant sur la scène internationale accrurent les craintes des Juifs américains – c'est encore l'interprétation traditionnelle – devant la vulnérabilité d'Israël. Et, par conséquent, la mémoire de l'Holocauste fut propulsée sur le devant de la scène. Comme le relate Novick : « Pour les Juifs américains [...] la situation vulnérable et isolée d'Israël ressemblait terriblement à celle des Juifs d'Europe trente ans plus tôt. [...] Non seulement le discours sur l'Holocauste a "décollé" à ce moment, mais il est devenu de plus en plus institutionnel[34]. » Et pourtant en 1948, Israël s'était trouvé bien plus près du précipice et avait subi bien plus de pertes qu'en 1973.

Il est vrai qu'en dehors du soutien américain, Israël était plutôt mal vu de la communauté internationale après la guerre de 1973. Comparons toutefois avec la situation de 1956, au moment de la guerre de Suez. À la veille de l'invasion du Sinaï, Israël et les milieux juifs américains soutenaient que l'Égypte menaçait l'existence même de l'État, puis qu'un retrait total

32. Novick, *The Holocaust, op. cit.*, p. 148.
33. Voir Amnon Kapeliouk, *Israël : la fin des mythes*, Paris, Albin Michel, 1975.
34. Novick, *The Holocaust, op. cit.*, p. 152.

du Sinaï compromettrait fatalement « les intérêts vitaux d'Israël : sa survie en tant qu'État[35] ». Pourtant la communauté internationale ne fut pas ébranlée. Racontant sa brillante performance à l'Assemblée générale des Nations unies, Abba Eban rappelait tristement qu'« après avoir longuement et chaleureusement applaudi mon discours, elle allait voter contre nous à une écrasante majorité[36] ». Dans ce consensus, les États-Unis étaient au premier rang. Non seulement Eisenhower força Israël à se retirer du Sinaï, mais dans l'opinion publique américaine, l'appui à l'État juif subit une « baisse terrifiante[37] ». Au contraire, après la guerre de 1973, les États-Unis ont fourni à Israël une assistance militaire massive, plus importante que celle des quatre années précédentes cumulées, et l'opinion publique était fermement en sa faveur[38]. Et c'est à ce moment que « le discours sur l'Holocauste "décolla" en Amérique », au moment où Israël était bien moins isolé qu'en 1956.

En fait, si l'industrie de l'Holocauste est devenue une affaire de première importance après octobre 1973, ce n'est pas parce que les revers inattendus et la situation d'État paria où se trouvait Israël ravivaient le souvenir de la Solution finale. C'est plutôt que la démonstration de force de Sadate avait convaincu les dirigeants américains et israéliens qu'un compromis diplomatique avec l'Égypte – incluant la restitution des territoires occupés depuis 1967 – était devenu inévitable. Pour accroître le poids d'Israël dans la négociation, l'industrie de l'Holocauste augmenta ses quotas de production. Point essentiel, après la guerre de 1973, le lien entre Israël et les États-Unis ne se

---

35. *Commentary*, « Letter from Israel », février 1957. Tout au long de la crise de Suez, *Commentary* répétait que « la survie même » d'Israël était menacée.

36. Abba Eban, *Personal Witness*, New York, 1992, p. 272.

37. Peter Grose, *Israel in the Mind of America*, New York, 1983, p. 304.

38. A.F.K. Organski, *The $36 Billion Bargain*, New York, 1990, pp. 48, 163.

trouva aucunement rompu : l'alliance israélo-américaine restait parfaitement intacte[39]. Les données historiques suggèrent que si Israël s'était trouvé réellement isolé après la guerre de 1973, les élites juives américaines ne se seraient pas davantage souvenues de l'holocauste nazi qu'après les guerres de 1948 et de 1956.

Novick cite en outre des explications accessoires qui ne sont pas plus convaincantes. Pour certains auteurs juifs religieux, « la guerre des Six jours étayait une théologie populaire de "l'Holocauste et la rédemption" ». La « lumière » de la victoire de juin 1967 rachetait l'« obscurité » du génocide nazi : « Elle a donné à Dieu une deuxième chance. » L'Holocauste ne pouvait émerger dans la vie américaine qu'après juin 1967, parce qu'alors « l'extermination des Juifs d'Europe recevait une conclusion sinon heureuse, du moins viable ». Pourtant, selon la conception juive habituelle, c'est la création de l'État d'Israël qui marque la rédemption et non la guerre de 1967. Pourquoi l'Holocauste aurait-il eu besoin d'une *seconde* rédemption ? Novick affirme d'autre part que, lors de la guerre de 1967, « l'image des Juifs devenus héros guerriers a contribué à effacer le stéréotype de victimes faibles et passives [...] qui avait jusque-là inhibé les Juifs sur le sujet de l'Holocauste[40] ». Mais pour ce qui est du véritable courage, c'est la guerre de 1948 qui représente pour Israël le grand moment. Et l'« audacieuse » et « brillante » campagne de cent heures menée par Moshé Dayan dans le Sinaï en 1956 préfigure la rapide victoire de 1967. Pourquoi, dans ces conditions, les Juifs américains ont-ils attendu la guerre de Juin pour « effacer le stéréotype » ?

---

39. Finkelstein, *Image and Reality*, *op. cit.*, chap. 6.

40. Novick, *The Holocaust*, *op. cit.*, p. 149-150. Novick cite là le célèbre auteur juif Jacob Neusner.

La description que fait Novick de la manière dont les élites juives en sont venues à instrumentaliser l'holocauste nazi n'est pas convaincante. Les deux passages suivants sont à cet égard significatifs.

« Les dirigeants juifs américains cherchaient à comprendre les raisons de l'isolement et de la vulnérabilité d'Israël – pour essayer d'y porter remède – et l'explication qui paraissait la plus probable était que la mémoire des crimes nazis s'estompait peu à peu, qu'une nouvelle génération entrait en scène, qui ignorait tout de l'Holocauste, et qu'ainsi Israël perdait le soutien qui lui était autrefois accordé. »

[...]

« Si les organisations juives américaines ne pouvaient rien faire pour modifier le passé récent au Moyen-Orient, et pas grand-chose pour influer sur l'avenir, elles *pouvaient* travailler à faire revivre la mémoire de l'Holocauste. L'explication de « la mémoire évanouie » débouchait donc sur un programme d'action[41]. »

Comment pouvait-on tenir la « mémoire estompée » comme « l'explication la plus probable » de la fâcheuse situation internationale d'Israël après la guerre de 1967 ? Cette explication est au contraire très peu plausible. Comme Novick lui-même le prouve abondamment, le soutien dont Israël avait bénéficié n'avait pas grand-chose à voir avec « la mémoire des crimes nazis[42] » et de toute façon, cette mémoire s'était estompée bien avant qu'Israël perde ses appuis à l'étranger. Pourquoi les élites juives ne pouvaient-elles « pas grand-chose pour influer sur l'avenir » d'Israël ? Il est pourtant évident qu'elles contrôlaient un formidable réseau opérationnel. Pourquoi considéraient-elles que leur seul programme d'action possible

---

41. Ibid, pp. 153, 155. Les italiques sont dans l'original.
42. Ibid, p. 69-77.

consistait à « faire revivre la mémoire de l'Holocauste » ? Pourquoi ne tentaient-elles pas d'appuyer le consensus international qui appelait *à la fois* au retrait d'Israël des territoires occupés en 1967 et à « une paix juste et durable » (résolution 242 des Nations unies) ?

Il est plus vraisemblable – même si c'est moins glorieux – que les élites juives américaines ne se souvinrent de l'holocauste nazi qu'au moment où ce fut politiquement opportun. Israël, leur nouvel ami, avait capitalisé l'holocauste nazi lors du procès Eichmann[43]. Les organisations juives américaines commencèrent à exploiter l'holocauste nazi après la guerre de 1967. Idéologiquement revu, l'Holocauste dûment capitalisé* apparaissait comme l'arme parfaite pour mettre Israël à l'abri de toute critique. Pour les élites juives américaines, il faut le souligner, l'Holocauste jouait le même rôle qu'Israël : comme lui c'était une carte très importante dans une partie de grande envergure pour le pouvoir. Le souci affiché de la mémoire de l'Holocauste était tout aussi opportuniste que le souci affiché du destin d'Israël[44]. Les organisations juives ont ainsi pardonné et oublié que Ronald Reagan, en 1985 au cimetière de Bitburg, avait déclaré que les soldats allemands – y compris les Waffen SS – étaient « des victimes des nazis de la même façon que les victimes des camps de concentration ». En 1988, Reagan fut proclamé *Humanitarian of the Year*, distinction décernée par l'une des plus importantes institutions de

43. Tom Segev, *The Seventh Million* (trad. fr. par Eglal Errera, *Le Septième Million : les Israéliens et le génocide*, Paris, Liana Levi, 1993), New York, 1993, VIe partie.

* Jeu de mot intraduisible, qui vaut aussi pour le titre du chapitre : *capitalized* veut dire à la fois *capitalisé,* au sens financier, et *pourvu d'une capitale*, c'est-à-dire d'une majuscule (N.d.T.).

44. Le souci des survivants de l'holocauste nazi était tout aussi factice : embarrassants avant juin 1967, on n'en parlait pas ; utiles après cette date, ils devenaient sacro-saints.

l'Holocauste, le Simon Wiesenthal Center, pour « son ferme soutien à Israël ». En 1994, l'ADL lui attribua la « Torche de la Liberté[45] ».

Mais la sortie du révérend Jesse Jackson, se plaignant en 1979 d'être « fatigué d'entendre parler de l'Holocauste », n'a pas été aussi facilement pardonnée ni oubliée. Les attaques des élites juives américaines contre Jackson n'ont jamais cessé, moins d'ailleurs pour ses « remarques antisémites » que pour son « adhésion à la cause palestinienne[46] ». Dans son cas, il y avait un facteur de plus : il représentait un groupe avec lequel les milieux juifs américains étaient en conflit depuis la fin des années 1960. Dans ce conflit comme ailleurs, l'Holocauste représentait une arme idéologique de grande efficacité.

Ce n'est pas la faiblesse et l'isolement d'Israël, ce n'est pas la peur d'un « second holocauste », mais bien la preuve de sa puissance et son alliance stratégique avec les États-Unis qui ont poussé les élites juives à mettre en route l'industrie de l'Holocauste après juin 1967. Bien qu'involontairement, Novick apporte la meilleure preuve de cette conclusion. Pour prouver que ce sont des considérations de puissance et non la Solution finale qui ont déterminé la politique américaine envers Israël, Novick écrit : « C'est lorsque l'Holocauste était le plus frais dans la mémoire des dirigeants américains – pendant les vingt-cinq années qui ont suivi la guerre – que le soutien des États-Unis à Israël a été *le moins* actif. [...] Ce n'est pas quand

---

45. *Response,* décembre 1988. Les principaux promoteurs de l'Holocauste et supporters d'Israël, comme le directeur national de l'ADL, Abraham Foxman, l'ex-président de l'AJC, Morris Abram, et le président de la Conférence des dirigeants des principales organisations juives américaines, Kenneth Bialkin, sans compter Henry Kissinger, ont tous pris la défense de Reagan sur l'affaire de Bitburg. Michael Berenbaum, du musée de l'Holocauste de Washington, attribuait les déclarations de Reagan à « la naïveté de l'optimisme américain ». (Shafir, *Ambiguous Relations, op. cit.*, pp. 302-304 ; Berenbaum, *After Tragedy, op. cit.*, p. 14)

46. Seymour Martin Lipset et Earl Raab, *Jews and the New American Scene*, Cambridge, 1995, p. 159.

Israël paraissait faible et vulnérable, mais après qu'il a démontré sa force pendant la guerre des Six jours, que l'aide américaine est passée d'un ruisseau à un fleuve[47]. » Cet argument s'applique avec autant de force aux élites juives américaines.

***

L'industrie de l'Holocauste a aussi des sources internes aux États-Unis. Parmi les idées communément admises, on a vu récemment émerger les notions de « politique identitaire » (*identity politics*) et de « culture de la victimisation ». L'identité de chaque groupe étant fondée sur une histoire particulière d'oppression, les Juifs ont cherché la leur dans l'Holocauste.

Mais parmi les groupes qui dénoncent les persécutions dont ils sont victimes – les Noirs, les Latinos, les Indiens, les femmes, les homosexuels – les Juifs sont les seuls à ne pas être désavantagés dans la société américaine. En fait, la politique identitaire et l'Holocauste ont pris racine parmi les Juifs américains non pas à cause de leur état de victimes, mais précisément parce qu'ils *ne sont pas* des victimes.

Les barrières de l'antisémitisme étant tombées rapidement après la Seconde Guerre mondiale, les Juifs ont acquis une position éminente aux États-Unis. D'après Lipset et Raab, le revenu individuel moyen des Juifs est presque le double de celui des non-Juifs ; 40 pour cent des prix Nobel américains de science et d'économie sont juifs, de même que 20 pour cent des professeurs d'université et 40 pour cent des grands avocats de New York et de Washington. On pourrait continuer la liste[48]. Loin de constituer un obstacle, l'identité juive

47. Novick, *The Holocaust*, *op. cit.*, p. 166. Les italiques sont dans l'original.
48. Lipset et Raab, *Jews*, *op. cit.*, pp. 26-27.

est devenue un facteur de succès. De même que bien des Juifs, qui restaient assez tièdes envers Israël quand c'était un sujet gênant, se sont convertis au sionisme quand c'est devenu un atout, de même ceux qui ne revendiquaient pas leur judaïté quand elle constituait un handicap sont devenus de bons Juifs lorsqu'elle a commencé à représenter un avantage.

La réussite matérielle des Juifs américains a eu pour effet de valider la croyance centrale – et peut-être la seule – qui fonde leur nouvelle identité en tant que Juifs. Qui peut désormais émettre un doute sur le fait que les Juifs sont un peuple « élu » ? Dans *A Certain People : American Jews and Their Lives Today*, Charles Silberman – lui-même récemment acquis à la judaïté – se livre à une surenchère caractéristique : « Les Juifs n'auraient pas été des êtres humains s'ils avaient évacué toute notion de supériorité. » Et, plus loin : « Il est extraordinairement difficile pour les Juifs américains d'éradiquer totalement leur sentiment de supériorité, même au prix de beaucoup d'efforts. » D'après Philip Roth, ce dont hérite un enfant juif américain, ce n'est « pas un cadre moral, ni un système de savoir ou de langage et, finalement, pas non plus un dieu [...] mais une psychologie particulière ; et cette psychologie peut se traduire en quatre mots : "les Juifs sont meilleurs"[49] ». Et comme on le verra plus loin, l'Holocauste, qui est comme le versant négatif de leur succès social, a servi lui aussi à valider la notion de groupe élu.

Dans les années 1970, bien que l'antisémitisme ait cessé d'être un phénomène marquant dans la vie américaine, les dirigeants juifs commencèrent à tirer la sonnette d'alarme, affirmant qu'un « nouvel antisémitisme » virulent était en train de se développer[50].

---

49. Charles Silberman, *A Certain People*, New York, 1985, pp. 78, 80, 81.
50. Novick, *The Holocaust, op. cit.*, pp. 170-172.

Dans une étude de grande envergure menée par l'ADL (« pour ceux qui sont morts parce qu'ils étaient juifs »), les principaux arguments étaient tirés du spectacle de Broadway *Jesus Christ Superstar* et d'un article d'un petit journal de la contre-culture qui « décrivait Kissinger comme un sycophante servile, un lâche, un spécialiste de l'intimidation, un flatteur, un tyran, un arriviste, un manipulateur, un snob sans aveu, un individu sans scrupules dans sa quête du pouvoir » – ce qui, en l'occurrence, relevait plutôt de l'euphémisme[51].

Cette charge hystérique contre le nouvel antisémitisme avait plusieurs objectifs. Elle redorait le blason d'Israël, en tant que dernier refuge pour les Juifs américains, le jour où il en faudrait un. Ceux qui faisaient profession de lutter contre l'antisémitisme recevaient un meilleur accueil lors de leurs collectes de fonds. Sartre remarquait un jour que « ainsi l'antisémite a-t-il ce malheur d'avoir un besoin vital de l'ennemi même qu'il cherche à détruire[52] ». Pour les organisations juives, l'inverse est également vrai. L'antisémitisme étant devenu une denrée rare, les principales organisations « de défense » – en particulier l'ADL et le Simon Wiesenthal Center – se livrent depuis quelques années une lutte à couteaux tirés[53]. En matière de collecte de fonds, les menaces pesant sur Israël jouent d'ailleurs le même rôle. Rentré d'un voyage aux États-Unis, le respecté journaliste israélien Danny Rubinstein écrivait : « Pour la plupart des membres de l'*establishment* juif, l'important est

51. Arnold Forster et Benjamin R. Epstein, *The New Anti-Semitism*, New York, 1974, p. 107.
52. Jean-Paul Sartre, *Réflexions sur la question juive*, Paris, Gallimard, rééd. 1982, p. 33.
53. Saidel, *Never Too Late, op. cit.*, p. 222. Seth Mnookin, « Will New York Police Department Look to Los Angeles For Latest "Sensitivity" Training ? » in *Forward*, 7 janvier 2000. L'article relate que l'ADL et le Simon Wiesenthal Center s'affrontent pour l'attribution de programmes d'enseignement de la tolérance.

d'insister sans cesse sur les dangers qui menacent Israël. [...] L'*establishment* juif en Amérique n'a besoin d'Israël que comme victime des attaques cruelles des Arabes. Pour cet Israël-là, on peut obtenir des soutiens, des donateurs, de l'argent [...] Chacun sait que sur le total des dons collectés par l'United Jewish Appeal in America au nom d'Israël, la moitié ne va pas à Israël mais aux organisations juives américaines. Peut-on imaginer plus grand cynisme ? » On le verra, l'exploitation par l'industrie de l'Holocauste des « victimes de l'Holocauste dans le besoin » est la dernière et, on peut le dire, la plus méprisable manifestation de ce cynisme[54].

La principale motivation de ceux qui tirent la sonnette d'alarme de l'antisémitisme pourrait bien venir d'ailleurs. À mesure que les Juifs américains sont montés dans l'échelle sociale, ils n'ont cessé de virer à droite politiquement. Bien qu'ils soient restés plutôt à gauche sur des questions comme la morale sexuelle ou l'avortement, les Juifs sont de plus en plus conservateurs en politique comme dans le domaine économique[55]. Ce virage à droite s'est accompagné d'un repli sur eux-mêmes : les Juifs, abandonnant leurs anciens alliés parmi les démunis, n'affectaient plus leurs ressources qu'à leurs propres problèmes. Cette réorientation des Juifs américains[56] s'est clairement manifestée dans la tension

---

54. Noam Chomsky, *Pirates and Emperors*, New York, 1986, pp. 29-30 (Rubinstein).
55. Pour une étude des scrutins qui confirment cette tendance, voir Murray Friedman, « Are American Jews Moving to the Right ? » in *Commentary*, avril 2000. Aux élections municipales de New York en 1997, opposant la démocrate Ruth Messinger au républicain Rudolph Giuliani, partisan de la loi et de l'ordre, 75% des votes juifs allèrent à Giuliani. Les Juifs, pour voter ainsi, devaient franchir à la fois la frontière de leur parti traditionnel et de leur groupe « ethnique » (Messinger est juive).
56. Il semble que cette évolution soit due en partie au remplacement d'une direction juive cosmopolite issue d'Europe centrale par des Juifs arrivistes et chauvins issus d'Europe de l'Est, comme le maire de New York Edward Koch et le directeur exécutif du *New York Times* A.M. Rosenthal. À cet égard, on peut remarquer que les historiens juifs non-conformistes sur le chapitre de l'Holocauste viennent d'Europe centrale, comme Hannah Arendt, Henry Friedlander, Raul Hilberg et Arno Mayer.

croissante entre Juifs et Noirs. Alors que les Juifs étaient traditionnellement alliés avec les Noirs contre la discrimination raciale aux États-Unis, beaucoup d'entre eux abandonnèrent l'alliance pour les droits civiques à la fin des années 1960 quand, comme l'écrit Jonathan Kaufman, « les buts des mouvements pour les droits civiques évoluèrent, passant d'une demande d'égalité politique et juridique à une demande d'égalité économique ». Cheryl Greenberg rappelle de même que « la question de l'intégration prit un tour différent. Leurs problèmes étant désormais sociaux et non plus raciaux, les Juifs s'enfuirent des faubourgs presque aussi vite que les chrétiens blancs, pour éviter ce qu'ils considéraient comme une détérioration de leurs écoles et de leur environnement. » Cette évolution connut son paroxysme lors de la longue grève des instituteurs de New York en 1968 : on vit s'opposer le syndicat, largement tenu par les Juifs, et les activistes de la communauté noire qui luttaient pour le contrôle des écoles en déshérence. Les comptes rendus de cette grève font souvent mention de propos à la limite de l'antisémitisme. L'apparition d'un racisme juif – sous-jacent pendant cette grève – est plus rarement mentionnée. Plus récemment, il s'est trouvé des journalistes et des organisations juives pour prendre des positions en pointe pour le démantèlement des programmes volontaristes contre les discriminations raciales (*affirmative action*). Lors des cas clés soumis à la Cour suprême – *DeFunis*, 1974, et *Bakke*, 1978 – l'AJC, l'ADL et l'AJ Congress, reflétant apparemment le sentiment dominant chez les Juifs, se sont tous prononcés contre l'*affirmative action*[57].

57. Voir Jack Salzman et Cornel West (sous la dir. de) *Struggles in the Promised Land*, New York, 1997, spécialement les chap. 6, 8, 9, 14, 15 (Kaufman, p. 11 ; Greenberg p. 166). Bien sûr, il existe une minorité de Juifs qui s'oppose violemment à ce virage à droite.

Très actives dans la défense de leurs intérêts de groupe et de classe, les élites juives taxaient d'antisémitisme toute opposition à leur nouvelle politique conservatrice : Nathan Perlmutter, président de l'ADL, affirmait que « le vrai antisémitisme » en Amérique consistait en initiatives politiques « compromettant les intérêts juifs », telles que l'*affirmative action*, les coupes dans le budget de la Défense, le néo-isolationnisme et même l'opposition au nucléaire ou la réforme du collège électoral pour l'élection présidentielle[58].

Dans cette offensive idéologique, le rôle de l'Holocauste était déterminant. Il est bien évident qu'en évoquant la persécution historique on détourne les critiques portant sur le temps présent. Les Juifs pouvaient même prendre pour prétexte le système des « quotas », dont ils avaient souffert dans le passé, pour s'opposer aux programmes d'*affirmative action*. Mais au-delà, l'idéologie de l'Holocauste faisait de l'antisémitisme une haine strictement irrationnelle des Gentils envers les Juifs. Il était exclu que l'animosité contre les Juifs puisse avoir pour cause un réel conflit d'intérêts. En invoquant l'Holocauste, on délégitimait du même coup toute critique envers les Juifs, qui ne pouvait avoir d'autre raison qu'une haine pathologique.

De même que les organisations juives se sont souvenues de l'Holocauste au moment où la puissance israélienne était à son apogée, de même ce souvenir leur est revenu quand la puissance juive américaine était elle aussi à son sommet. Dans un cas comme dans l'autre, le prétexte était la menace d'un « second Holocauste imminent ». Ainsi, les élites juives américaines pouvaient-elles prendre des poses héroïques pour masquer leur politique d'intimidation. Norman

---

58. Nathan Perlmutter et Ruth Ann Perlmutter, *The Real Anti-Semitism in America*, New York, 1982.

Podhoretz par exemple insistait après la guerre de 1967 sur la détermination des Juifs à « résister contre tous ceux qui voudraient de quelque façon, à quelque degré et pour quelque raison que ce soit, tenter de nous faire du mal. [...] Désormais nous défendrons notre territoire[59] ». De la même façon que les Israéliens, armés jusqu'aux dents par les Américains, remettaient courageusement à leur place les Palestiniens rebelles, les Juifs américains remettaient courageusement à leur place les Noirs rebelles.

Malmener ceux qui sont le moins capables de se défendre : tel est le vrai sens du courage affiché par les organisations juives américaines.

59. Novick, *The Holocaust*, p. 173 (Podhoretz).

II - La manipulation de l'Histoire

La « conscience de l'Holocauste », observe Boas Evron, un écrivain israélien respecté, est en réalité « un instrument d'endoctrinement de la propagande officielle, un ramassis de slogans, une vision du monde faussée dont le vrai but n'est nullement la compréhension du passé mais bien la manipulation du présent[1] ». En soi, l'holocauste nazi n'implique aucun programme politique particulier. Il peut servir aussi bien à soutenir qu'à critiquer la politique israélienne. Mais réfractée à travers un prisme idéologique, « la mémoire de l'extermination des Juifs par les Nazis » en est venue à servir, selon les termes d'Evron, de « puissant instrument aux mains de la direction israélienne et de certains Juifs à l'étranger ». L'holocauste nazi est devenu l'Holocauste.

Le système de l'Holocauste repose sur deux dogmes centraux : (1) l'Holocauste constitue un événement historique catégoriquement unique ; (2) l'Holocauste constitue le point culminant de la haine irrationnelle et éternelle des Gentils contre les Juifs. Aucun de ces deux dogmes n'est exposé dans un discours public avant la guerre de 1967. Bien qu'ils soient devenus depuis les piliers de la littérature de l'Holocauste, on n'en trouve trace dans aucun travail scientifique

1. Boas Evron, « Holocaust : The Uses of Disaster » in *Radical America*, juillet-août 1983, p. 15.

sérieux sur l'holocauste nazi[2]. Mais tous deux ont des prolongements profonds dans le judaïsme et le sionisme.

Au lendemain de la Seconde Guerre mondiale, on ne se représentait pas l'holocauste nazi comme un événement uniquement juif, et encore bien moins comme historiquement unique. Les milieux juifs américains se donnaient même beaucoup de mal pour le replacer dans un contexte universaliste. Mais après la guerre de 1967, la présentation de la Solution finale changea radicalement. « On a vu émerger après la guerre de 1967, rappelle Jacob Neusner, un énoncé très important qui allait devenir emblématique du judaïsme américain, [...] à savoir que l'Holocauste était unique, sans équivalent dans l'histoire de l'humanité[3]. » Dans un essai lumineux, l'historien David Stannard ironise sur « la petite industrie des hagiographes de l'Holocauste, qui soutiennent le caractère unique de l'expérience juive avec une énergie et une naïveté de théologiens zélotes[4] ».

Le dogme de l'unicité n'a aucun sens. Fondamentalement, tout événement historique est unique, ne serait-ce que pour des raisons de lieu et de temps, et tout événement historique a des éléments qui le rapprochent et le distinguent à la fois d'autres événements historiques. Mais pour l'Holocauste, le caractère unique est considéré comme absolument décisif. Quel autre événement historique y a-t-il, qui soit essentiellement considéré en fonction de son unicité catégorique ? Les caractères distinctifs de l'Holocauste sont soulignés, pour pouvoir le classer dans une caté-

---

2. Pour la distinction entre littérature de l'Holocauste et travaux scientifiques, voir Finkelstein et Birn, *L'Allemagne en procès*, *op. cit.*, première partie, section 3.
3. Jacob Neusner (sous la dir. de), *Judaism in Cold War America, 1945-1990*, vol. II : *In the Aftermath of the Holocaust*, New York, 1993, VIII.
4. David Stannard, « Uniqueness as Denial » in Alan Rosenbaum (sous la dir. de), *Is the Holocaust Unique* ?, Boulder, 1996, p. 193.

gorie absolument à part. Mais on n'explique jamais pourquoi les nombreux aspects qu'il partage avec d'autres événements doivent au contraire être tenus pour triviaux.

Ceux qui écrivent sur l'Holocauste en font tous un événement unique, mais ils sont peu nombreux – si même il en existe – à s'accorder sur les raisons de cette unicité. Chaque fois qu'un argument en faveur de l'unicité de l'Holocauste se trouve réfuté par les faits, un nouvel argument vient le remplacer. Il en résulte, selon Jean-Michel Chaumont, une multiplicité d'arguments contradictoires qui s'annulent entre eux : « Aucun processus d'accumulation de connaissances ne s'enclenche. Pour faire mieux que le prédécesseur, chacun repart chaque fois de zéro[5]. » Autrement dit, l'unicité est une donnée première dans le système de l'Holocauste. La tâche désignée est d'en apporter des preuves, alors que l'expression d'un doute équivaut à du négationnisme. Mais peut-être le problème tient-il aux prémisses et non aux preuves. Même si l'Holocauste était unique, quelle différence cela ferait-il ? Pourquoi notre compréhension du phénomène devrait-elle changer si l'holocauste nazi n'était pas le premier, mais le quatrième ou le cinquième d'une série de catastrophes comparables ?

Le dernier engagé dans la course à l'unicité de l'Holocauste est Steven Katz avec *The Holocaust in Historical Context*. Citant près de 5 000 références dans le premier volume d'un ouvrage qui doit en compter trois, Katz passe en revue le champ complet de l'his-

---

5. Jean-Michel Chaumont, *La Concurrence des victimes : de l'unicité de la Shoah aux dilemmes de la reconnaissance*, Paris, La Découverte, 1997, pp. 148-149. La dissection que fait Chaumont de l'« unicité de l'Holocauste » est un *tour de force*. Mais sa thèse centrale n'est pas convaincante, au moins pour les États-Unis. Selon lui, le phénomène de l'Holocauste est lié aux efforts des survivants pour obtenir la reconnaissance publique de leurs souffrances passées. Or ce ne sont pas les survivants qui ont été à l'origine de la promotion de l'Holocauste.

toire de l'humanité pour prouver que l'Holocauste est « phénoménologiquement unique, en vertu du fait que jamais auparavant un État n'avait entrepris, que ce soit en termes d'intention ou de politique réalisée, d'annihiler physiquement tout homme, femme ou enfant appartenant à un peuple spécifique ». Pour clarifier sa thèse, Katz explique : « Ø est uniquement C. Ø peut avoir en commun A, B, D.....X avec Δ, mais pas C. De même Ø peut avoir en commun A, B, D.....X avec tous les Δ mais pas C. C, auquel manque π, n'est pas Ø..... Par définition, aucune exception à cette règle n'est autorisée. Δ qui aurait en commun A, B, D,.....X avec Ø peut être semblable à Ø par ces aspects et par d'autres..... mais selon notre définition de l'unicité, tout Δ auquel manque C ne peut être Ø..... Bien sûr Ø dans sa totalité est plus que C, mais il n'est jamais Ø sans C. » Traduction : un événement historique comportant un trait particulier est un événement historique particulier. Pour éviter toute confusion, Katz précise plus loin qu'il utilise le terme *phénoménologiquement* « dans un sens non-husserlien, non-schutzéen, non-schelerien, non-heideggerien et non-merleau-pontien ». Traduction : l'entreprise de Katz est une totale insanité[6]. Même si la thèse de Katz était prouvée, ce qui n'est pas le cas, elle montrerait seulement que l'Holocauste comporte un élément distinctif. Le contraire serait étonnant. Chaumont conclut que le travail de Katz n'est en fait que de l'idéologie déguisée en science[7].

De l'Holocauste phénomène unique à l'Holocauste qu'on ne peut appréhender rationnellement, il n'y a qu'un pas. Si l'Holocauste est sans précédent dans l'histoire, sa place est au-dessus de l'histoire, et il n'est donc pas possible de le comprendre par l'his-

---

6. Steven T. Katz, *The Holocaust in Historical Context*, Oxford, 1994, pp. 28, 58, 60.
7. Chaumont, *La Concurrence des victimes, op. cit.*, p. 17.

toire. Bref, l'Holocauste est unique parce qu'il est inexplicable et il est inexplicable parce qu'il est unique.

Qualifiée par Novick de « sacralisation de l'Holocauste », cette mystification est régulièrement alimentée par Élie Wiesel. Pour lui, comme l'observe justement Novick, l'Holocauste est une religion du « mystère ». Il psalmodie donc une litanie où l'Holocauste « conduit vers l'obscur », « dénie toute réponse », « se situe hors de l'histoire, et même au-delà », « défie toute connaissance et toute description », « ne peut être ni expliqué ni visualisé », « ne sera jamais compris ni transmis », marque « une destruction de l'histoire » et une « mutation à l'échelle cosmique ». Seul le survivant-prêtre (c'est-à-dire seul Wiesel) est qualifié pour percer son mystère. Et pourtant, déclare Wiesel, le mystère de l'Holocauste est « incommunicable » ; « il nous est même impossible d'en parler ». C'est ainsi que, pour un tarif habituel de 25 000 dollars (plus la limousine avec chauffeur), Wiesel explique dans ses conférences que le « secret » de la vérité d'Auschwitz « réside dans le silence[8] ».

Selon cette vision, la compréhension rationnelle de l'Holocauste équivaut à sa négation. Car la rationalité conduit à nier l'unicité et le mystère de l'Holocauste. Quant à la comparaison de l'Holocauste avec les souffrances d'autres peuples, elle constitue pour Wiesel « une trahison absolue de l'histoire juive[9] ». Il y a quelques années, un pastiche de tabloïd new-yorkais

---

8. Novick, *The Holocaust*, *op. cit.*, pp. 200-201, 211-212 ; Wiesel, *Against Silence*, *op. cit.*, vol. I, pp. 158, 211, 239, 272, vol. II, pp. 62, 81, 111, 278, 293, 347, vol. III, pp. 153, 243 ; Elie Wiesel, *Tous les fleuves vont à la mer*, Paris, Le Seuil, 1994, p. 123. L'information sur les tarifs de Wiesel a été fournie par Ruth Wheat du Bnai Brith Lecture Bureau. D'après Wiesel, « les mots donnent une sorte d'approche horizontale, alors que le silence permet une approche verticale. » Wiesel arriverait-il en parachute à ses conférences ?

9. Wiesel, *Against Silence, op. cit.*, vol. III, p. 146.

titrait à la une : « Michael Jackson et 60 millions d'autres victimes meurent dans un holocauste nucléaire. » Élie Wiesel fit paraître une protestation courroucée dans le courrier des lecteurs : « Comment ose-t-on qualifier d'Holocauste ce qui s'est passé hier ? Il n'y a qu'un seul Holocauste... » Dans un récent volume de ses mémoires, Wiesel, prouvant que la réalité peut dépasser la fiction, s'en prend à Shimon Pérès pour n'avoir « pas hésité à parler des "deux holocaustes" de notre siècle : Auschwitz et Hiroshima. Il n'aurait pas dû[10] ». L'un des slogans favoris de Wiesel est que « l'Holocauste est une tragédie juive aux implications universelles ; son universalité réside dans son unicité[11] ». Mais s'il est incomparablement et incompréhensiblement unique, comment diable peut-il avoir une dimension universelle ?

Le débat sur l'unicité de l'Holocauste est stérile. Pourtant, la revendication de cette unicité en est arrivée à constituer une forme de « terrorisme intellec-

---

10. Wiesel, *Et la mer, op. cit.*, p. 153. Comparer ces deux extraits de presse :
Ken Livingstone, ancien membre du parti travailliste et candidat indépendant à la mairie de Londres, a suscité la colère des Juifs anglais en disant que le capitalisme global est responsable d'autant de morts que la Seconde Guerre mondiale. » Chaque année, le système financier international tue plus de gens que la Seconde Guerre mondiale, mais au moins Hitler était-il fou, n'est-ce pas ? » [...] « C'est une insulte à tous ceux qui ont été persécutés et assassinés par Adolf Hitler », a répondu John Butterfill, un député conservateur. M. Butterfill a ajouté que les accusations de M. Livingstone contre le système financier international avaient des tonalités franchement antisémites. (« Les Propos de Livingstone irritent les Juifs » in *International Herald Tribune*, 13 avril 2000)
Le président cubain Fidel Castro [...] a accusé le système capitaliste de tuer autant de gens que la Seconde Guerre mondiale en négligeant les besoins des plus pauvres. « Les images de mères et d'enfants qui souffrent de la sécheresse dans des régions entières d'Afrique rappellent celles des camps de concentration nazis. » Faisant référence aux procès pour crimes de guerre après 1945, le leader cubain a déclaré : « Il nous faudrait un tribunal de Nuremberg pour juger l'ordre économique qui nous est imposé, et qui par la faim et par des maladies faciles à prévenir, tue tous les trois ans autant d'hommes, de femmes et d'enfants que la Seconde Guerre mondiale. » [...] À New York, Abraham Foxman, directeur de l'Anti-Defamation League, a déclaré : « La pauvreté est une question sérieuse, pénible et peut-être mortelle, mais ce n'est pas l'Holocauste, et ce n'est pas assimilable aux camps de concentration. » (John Rice, « Castro attaque haineusement le capitalisme » in *Associated Press*, 13 avril 2000)
11. Wiesel, *Against Silence, op. cit.*, vol. III, pp. 156, 160, 163, 177 ; *Et la mer, op. cit.*, p. 318.

tuel» (Chaumont). Ceux qui se livrent, dans des travaux scientifiques, à des études comparatives normales, doivent commencer par prendre mille et une précautions pour ne pas être accusés de «banaliser l'Holocauste[12]».

Un corollaire de l'unicité de l'Holocauste est qu'il constitue un Mal unique. La souffrance des autres, si terrible qu'elle soit, ne peut tout simplement pas lui être comparée. Les tenants de l'unicité de l'Holocauste récusent en général cette implication, mais ces protestations ne sont qu'hypocrisie[13].

Revendiquer l'unicité de l'Holocauste est intellectuellement vide et moralement indigne. La question est de savoir pourquoi cela continue. Tout d'abord, parce que souffrance unique veut dire droits uniques. Selon Jacob Neusner, l'Holocauste, mal unique, n'a pas seulement pour conséquence de donner aux Juifs un statut à part, il leur donne « un droit sur les autres.» Pour Edward Alexander, l'unicité de l'Holocauste est «un capital moral» ; les Juifs doivent «réclamer la propriété» de ce «bien précieux[14]».

Dans les faits, le caractère unique de l'Holocauste – ce «droit» sur les autres, ce «capital moral»–, représente pour Israël un alibi précieux. «La singularité de la souffrance juive, écrit l'historien Peter Baldwin, renforce la pression morale et émotionnelle qu'Israël

---

12. Chaumont, *La Concurrence des victimes, op. cit.*, p. 156. Chaumont souligne à juste titre que l'affirmation de l'unicité de l'Holocauste est incompatible avec l'affirmation que ceux qui l'ont perpétré étaient parfaitement normaux. (p. 310)

13. Katz, *The Holocaust, op. cit.*, pp. 19, 22. Novick remarque : «Soutenir que l'affirmation de l'unicité de l'Holocauste *n'est pas* une sorte de comparaison désobligeante relève du double langage.» «Quelqu'un peut-il [...] croire que la revendication d'un caractère unique soit *autre chose* qu'une revendication de prééminence?» (italiques dans l'original) Il est regrettable que Novick lui-même se livre à ce type de comparaison. Ainsi, il maintient que, bien que moralement discutable dans le contexte américain, «l'affirmation maintes fois répétée que, quel que soit le mal qu'aient pu faire les États-Unis aux Noirs, aux Indiens, aux Vietnamiens, il pâlit en comparaison de l'Holocauste, cette affirmation est vraie.» (*The Holocaust*, pp. 197, 15)

14. Jacob Neusner, «A "Holocaust" Primer» p. 178 ; Edward Alexander, «Stealing the Holocaust», pp. 15-16, in Neusner, *Aftermath*.

exerce [...] sur les autres nations[15]. » C'est ainsi, explique Nathan Glazer, que l'Holocauste, en mettant en évidence « le caractère *particulièrement distinctif* des Juifs », leur donne « le droit de se considérer comme spécialement menacés et spécialement justifiés dans tous les efforts nécessaires à leur survie[16] ». Pour s'en tenir à un seul exemple, tous les comptes rendus sur la décision d'Israël de se doter de l'arme nucléaire évoquent le spectre de l'Holocauste[17]. Comme si Israël avait eu besoin de l'Holocauste pour devenir une puissance nucléaire.

Mais ce n'est pas là le seul facteur. Revendiquer l'unicité de l'Holocauste, c'est revendiquer l'unicité des Juifs. Ce qui fait la singularité de l'Holocauste, ce n'est pas la souffrance des juifs, c'est le fait que *des Juifs* ont souffert. Autrement dit : l'Holocauste est unique parce que les Juifs sont uniques. Ismar Schorsch, directeur du Jewish Theological Seminary, ridiculisant l'unicité de l'Holocauste, la décrit comme « une déplaisante version séculière de l'Élection[18] ». Élie Wiesel n'est pas moins véhément sur la singularité des Juifs que sur celle de l'Holocauste : « Tout en nous est différent. » Les Juifs sont « ontologiquement » exceptionnels[19]. Point culminant de la haine millénaire des Gentils envers les Juifs, l'Holocauste témoigne non seulement de la souffrance unique des Juifs mais aussi de leur unicité en tant que Juifs.

Pendant et juste après la Seconde Guerre mondiale, comme le fait remarquer Novick, « personne au gou-

---

15. Peter Baldwin (sous la dir. de) *Reworking the Past*, Boston, 1990, p. 21.
16. Nathan Glazer, *American Judaism* (trad. fr., *Les Juifs américains*, Paris, Calmann-Lévy, 1972), Chicago, 1972 (2e éd.), p. 171. Les italiques sont dans l'original.
17. Seymour M. Hersh, *The Samson Option*, New York, 1991, p. 22. Avner Cohen, *Israel and the Bomb*, New York, 1988, pp. 10, 122, 342.
18. Ismar Schorsch, « The Holocaust and Jewish Survival » in *Midstream*, janvier 1981. Chaumont démontre de façon convaincante que la revendication de l'unicité de l'Holocauste a ses origines dans le dogme du peuple élu, et qu'elle fait sens avec lui. *La Concurrence des victimes*, *op. cit.*, pp. 102-107, 121.
19. Wiesel, *Against Silence*, *op. cit.*, vol. I, p. 153. *Et la mer*, *op. cit.*, p. 133.

vernement [des États-Unis] – et même en dehors, qu'il s'agisse de Juifs ou de non-Juifs – n'aurait compris qu'on parle d'"abandon des Juifs" ». Après 1967 au contraire, « le silence du monde » , « l'indifférence du monde », « l'abandon des Juifs » deviennent des thèmes récurrents du discours de l'Holocauste[20].

Récupérant un dogme sioniste, le système de l'Holocauste présente la Solution finale comme l'apogée de la haine millénaire des Gentils envers les Juifs. Les Juifs ont péri parce que tous les Gentils, qu'ils soient bourreaux ou collaborateurs passifs, voulaient qu'ils meurent. D'après Wiesel, « le monde libre et civilisé a livré [les Juifs] au bourreau. Celui-ci tuait, assassinait, égorgeait, et celui-là se taisait[21] ». Il n'existe pourtant aucune preuve historique en faveur d'une pulsion meurtrière des Gentils. Les pénibles efforts de Goldhagen pour établir une variante de cette thèse dans *Les Bourreaux volontaires de Hitler* ont du mal à dépasser le niveau du comique involontaire[22]. Son utilité politique est en revanche considérable. On pourrait d'ailleurs remarquer que la théorie de « l'éternel antisémitisme » donne des arguments aux antisémites. Comme l'écrit Hannah Arendt dans *Sur l'antisémitisme* : « Rien d'étonnant à ce que cette doctrine ait été adoptée par des antisémites professionnels ; c'est le meilleur des alibis pour toutes les horreurs. S'il est vrai que pendant plus de deux mille ans l'humanité a tué des Juifs, alors le meurtre de Juifs est une occupation normale, voire humaine, et la haine des Juifs se justifie sans avoir besoin d'aucune explication. Le plus surprenant, dans cette idée d'un éternel antisémitisme, est qu'elle a été adoptée

---

20. Novick, *The Holocaust*, *op. cit.*, pp. 59, 158-159.
21. Wiesel, *Et la mer*, *op. cit.*, p. 102.
22. Goldhagen, *Hitler's Willing Executionners*, (*Les Bourreaux volontaires de Hitler : les Allemands ordinaires et l'Holocauste*, Le Seuil, 1996), New York, 1996. Pour une critique de cet ouvrage, voir Finkelstein et Birn, *L'Allemagne en procès*, *op. cit.*

par un grand nombre d'historiens objectifs, et par un nombre encore plus grand de Juifs[23]. »

Adopté par l'industrie de l'Holocauste, le dogme de la haine éternelle des Gentils a servi à la fois à justifier la création d'un État juif et à expliquer l'hostilité envers Israël. L'État juif est la seule protection sûre contre le prochain – et inévitable – accès d'antisémitisme meurtrier. Inversement, l'antisémitisme meurtrier est à la base de toute attaque, et même de toute manœuvre défensive vis-à-vis de l'État juif. Pour expliquer les critiques envers Israël, la romancière Cynthia Ozick a une réponse toute faite : « Le monde veut éradiquer les Juifs, [...] le monde a toujours voulu éradiquer les Juifs.[24] » Si le monde entier veut tuer les Juifs, on se demande comment on en trouve encore qui soient en vie et qui, à la différence d'une grande partie de l'humanité, ne meurent pas vraiment de faim.

Ce dogme sert également à donner toute licence à Israël. Les Gentils étant déterminés à assassiner les Juifs, ceux-ci ont tous les droits pour se protéger, de quelque manière que ce soit. Toutes les méthodes auxquelles les Juifs peuvent avoir recours – y compris la violence et la torture – relèvent de l'autodéfense légitime. Déplorant la thèse de la haine éternelle des Gentils, Boas Evron observe qu'elle constitue « l'équivalent d'une paranoïa délibérément construite. Cette mentalité [...] excuse à l'avance tout traitement inhumain envers les non-Juifs, car si la mythologie dominante est que "tous les peuples ont collaboré avec les nazis dans la destruction des Juifs", alors tout est permis aux Juifs dans leur relation avec les autres peuples[25] ».

23. Hannah Arendt, *Sur l'antisémitisme* (*Les Origines du totalitarisme* vol. III), Paris, Le Seuil, 1997, p. 7.
24. « All the World Wants the Jews Dead » in *Esquire,* novembre 1974.
25. Boas Evron, *Jewish State or Israeli Nation,* Bloomington, 1995, pp. 226-227.

Dans le système de l'Holocauste, non seulement l'antisémitisme des Gentils est impossible à éradiquer, mais il est toujours irrationnel. Goldhagen, allant bien au-delà des analyses du sionisme classique – sans parler des données scientifiques habituelles – propose un antisémitisme « déconnecté des Juifs réels », ne constituant « absolument *pas* une réponse à la conduite des Juifs objectivement évaluée », « indépendant de la nature et de la pratique des Juifs ». Relevant d'une pathologie mentale des Gentils, son « domaine » se situe dans « l'esprit ». Guidé par des « arguments irrationnels », l'antisémite, selon Wiesel, « en veut tout simplement [au Juif] d'exister[26] ». Comme le note ironiquement le sociologue John Murray Cuddihy, « non seulement ce que les Juifs font ou ne font pas n'a rien à voir avec l'antisémitisme, mais toute *tentative* d'expliquer l'antisémitisme par une quelconque responsabilité des Juifs est en soi un exemple d'antisémitisme[27] ! » Il ne s'agit évidemment pas de prétendre que l'antisémitisme est acceptable, ni qu'il faille en vouloir aux Juifs pour les crimes commis contre eux, mais simplement que l'antisémitisme se développe dans un contexte historique spécifique avec tout un jeu d'intérêts croisés. « Une minorité douée, bien organisée et qui réussit peut susciter des conflits dérivant de tensions intergroupes objectives » souligne Ismar Schorsch, et ces conflits « se présentent souvent sous l'enveloppe de stéréotypes antisémites[28] ».

---

26. Goldhagen, *Hitler's Willing*, *op. cit.*, pp. 34-35, 39, 42. Wiesel, *Et la mer*, *op. cit.*, p. 73.

27. John Murray Cuddihy, « The Elephant and the Angels : The Incivil Irritatingness of Jewish Theodicy » in Robert N. Bellah et Frederic E. Greespahn (sous la dir. de), *Uncivil Religion*, New York, 1987, p. 24. Les italiques sont dans l'original. Voir, du même auteur, « The Holocaust : The Latent Issue in the Uniqueness Debate » in P.F. Gallagher (sous la dir. de), *Christians, Jews, and Other Worlds*, Highland Lakes, N.J., 1987.

28. Schorsch, *The Holocaust*, *op. cit.*, p. 39. À mon sens, affirmer que les Juifs sont une minorité « douée » relève aussi d'une « déplaisante version séculière de l'Élection ».

L'irrationalité de l'antisémitisme des Gentils est inductivement déduite de l'irrationalité de l'Holocauste : la Solution finale de Hitler n'avait absolument aucune rationalité – c'était « le mal pour le mal », le meurtre de masse « sans but » ; or la Solution finale de Hitler marque le point culminant de l'antisémitisme des Gentils ; donc l'antisémitisme des Gentils est par essence irrationnel. Qu'on les considère séparément ou ensemble, toutes ces propositions ne tiennent pas à l'examen le plus superficiel[29]. Mais politiquement, l'argument est de la plus grande utilité.

En rendant les Juifs irréprochables, le dogme de l'Holocauste immunise Israël et les milieux juifs américains contre toute critique légitime. L'hostilité des Arabes, l'hostilité des Afro-américains : ce n'est « absolument *pas* une réponse à la conduite des Juifs objectivement évaluée[30] ». (Goldhagen) Et Wiesel, sur les persécutions des Juifs : « Pendant deux mille ans, nous avons été sans cesse menacés. [...] Et pour quelle raison ? Sans aucune raison. » De même, sur l'hostilité des Arabes envers Israël : « À cause de ce que nous sommes et de ce que représente notre terre natale, Israël – le centre de notre vie, le rêve de nos rêves– quand nos ennemis cherchent à nous détruire,

---

29. La discussion exhaustive de ce sujet dépasserait le cadre de ce livre. Considérons seulement la première proposition. La guerre de Hitler contre les Juifs, même si on la considère comme irrationnelle (ce qui est déjà une question complexe), ne peut pas être tenue pour un cas historique unique. Il suffit de se rappeler la thèse centrale de Joseph Schumpeter sur l'impérialisme, selon laquelle « le non-rationnel et l'irrationnel, les inclinations purement instinctives à la guerre et la conquête jouent un grand rôle dans l'histoire de l'humanité [...] d'innombrables guerres – peut-être la majorité des guerres – ont été entreprises sans [...] intérêt raisonnable, sans raison. » (Joseph Schumpeter, « The Sociology of Imperialism » in Paul Sweezy (sous la dir. de) *Imperialism and Social Classes*, New York, 1951, p. 83.)

30. Evitant délibérément le cadre de l'Holocauste, la récente étude d'Albert S. Lindemann sur l'antisémitisme part de la prémisse que « quelle que soit la puissance du mythe, on ne peut pas prétendre que toute hostilité à l'égard des Juifs, individuelle ou collective, repose sur une vision irrationnelle ou fantastique, ou sur des projections déconnectées de toute réalité tangible. En tant qu'êtres humains, les Juifs ont été capables, comme tout autre groupe, de susciter l'hostilité dans l'univers quotidien. » (Albert S. Lindemann, *Esau's Tears*, Cambridge, 1997, XVII)

c'est en essayant de détruire Israël. » Sur l'hostilité des Noirs envers les Juifs américains : « Ceux qui se sont inspirés de nous, au lieu de nous remercier, nous attaquent. Nous nous trouvons dans une situation très dangereuse. Nous sommes une nouvelle fois le bouc émissaire de tous. [...] Nous avons aidé les Noirs, nous les avons toujours aidés. [...] Je suis désolé pour les Noirs. Il y a une chose qu'ils devraient apprendre de nous, c'est la gratitude. Aucun peuple ne pratique autant que nous la gratitude ; nous sommes reconnaissants pour toujours[31]. » Toujours châtié, toujours innocent, tel est le fardeau du peuple juif[32].

Le dogme de la haine éternelle des Gentils renforce le dogme complémentaire de l'unicité de l'Holocauste. Si l'Holocauste a marqué le point culminant de la haine millénaire des Gentils envers les Juifs, la persécution des non-Juifs dans l'Holocauste n'était qu'un accident, et la persécution des non-Juifs dans l'histoire, épisodique. De tous points de vue, la souffrance des Juifs pendant l'Holocauste était donc unique.

Finalement, la souffrance des Juifs est unique parce que les Juifs sont uniques. L'Holocauste est unique parce qu'il n'est pas rationnel. En définitive, ce qui l'a déclenché, c'est une passion irrationnelle, hélas trop humaine. Le monde des Gentils haïssait les Juifs par envie, par jalousie, par *ressentiment*. Pour Nathan et Ruth Perlmutter, l'antisémitisme provient de « la jalousie des Gentils et de leur fureur de voir les Juifs les surpasser sur la place du Marché. [...] Les Gentils,

---

31. Wiesel, *Against Silence*, *op. cit.*, vol I, pp. 255, 384.

32. Chaumont montre que ce dogme de l'Holocauste a pour effet de rendre les autres crimes plus acceptables. En insistant sur la radicale innocence des Juifs – sur l'absence de motif rationnel de les persécuter, de les tuer – on « aboutit nécessairement à faire paraître plus compréhensible – et donc moins grave, quoi qu'on en dise – les persécutions et les assassinats commis en d'autres circonstances. La revendication d'un statut d'exception présuppose forcément le statut "normal" du reste et introduit une division *de facto* entre les crimes inconditionnellement intolérables et les crimes avec lesquels il faut – et donc : on peut – bien vivre. » (*La Concurrence des victimes*, *op. cit.*, p. 176.)

plus nombreux et moins évolués, s'irritent de voir les Juifs, moins nombreux et plus évolués[33] ». Même dans sa négativité, l'Holocauste confirme l'Élection des Juifs. Parce qu'ils sont meilleurs ou qu'ils réussissent mieux, ils s'attirent la colère des Gentils, qui finissent par les massacrer.

Dans une brève incise, Novick se demande « ce que serait le discours de l'Holocauste en Amérique » si Élie Wiesel n'était pas son « principal interprète[34] ». La réponse est facile : avant 1967, ce qui avait cours parmi les Juifs américains, c'était le discours universaliste de Bruno Bettelheim. Après la guerre de Juin, on a mis de côté Bettelheim et on a pris Wiesel. La prééminence de Wiesel est fonction de son utilité idéologique. Unicité de la souffrance des Juifs/ unicité des Juifs, culpabilité éternelle des Gentils/ Juifs éternellement innocents, défense inconditionnelle d'Israël/ défense inconditionnelle des intérêts juifs : Élie Wiesel *est* l'Holocauste.

***

Une bonne part de la littérature sur la Solution finale ne fait que reprendre les dogmes de l'Holocauste et n'a donc aucune valeur scientifique. Le domaine des études sur l'Holocauste est plein d'absurdités, sinon de véritables escroqueries intellectuelles. Le milieu culturel qui est à l'origine de cette littérature est particulièrement révélateur.

La première grande supercherie dans ce domaine fut *L'Oiseau bariolé*, de l'émigré polonais Jerzy Kosinski[35]. Ce livre a été « écrit en anglais », expliquait

33. Perlmutter, *Anti-Semitism*, *op. cit.*, pp. 36, 40.

34. Novick, *The Holocaust*, *op. cit.*, p. 351, note 19.

35. Jerzy Kosinski, *The Painted Bird* (trad. fr. par Maurice Pons, *L'Oiseau bariolé*, Paris, Flammarion, 1966), New York, 1965. Pour le contexte, voir le livre de James P. Sloan, *Jerzy Kosinski*, New York, 1996.

Kosinski, pour « pouvoir m'exprimer sans la passion, sans ces connotations émotionnelles qu'on a toujours en écrivant dans sa langue maternelle ». En réalité, toutes les parties du livre qu'il a vraiment rédigées – question d'ailleurs non éclaircie – ont été écrites en polonais. Le livre était supposé être un récit autobiographique de Kosinski, racontant comment il avait erré, pauvre enfant solitaire, à travers la campagne polonaise pendant la Seconde Guerre mondiale. En réalité, Kosinski a vécu avec ses parents pendant toute la guerre. Le thème du livre tourne autour des tortures sexuelles sadiques auxquelles se livraient les paysans polonais. Ceux qui avaient lu le livre avant publication l'avaient critiqué comme étant « une pornographie de la violence », « le produit d'un esprit obsédé par la violence sadomasochiste ». En réalité, Kosinski a imaginé presque tous les épisodes pathologiques qu'il raconte. Les paysans polonais avec lesquels il vit sont décrits comme violemment antisémites. « Cognez sur les Juifs, hurlent-ils, tapez sur ces salauds. » En réalité, la famille Kosinski fut hébergée par des paysans polonais qui savaient parfaitement qu'il s'agissait de Juifs et qui étaient conscients du risque qu'ils encouraient s'ils étaient pris.

Dans la *New York Times Book Review*, Wiesel salua le livre comme « l'une des meilleures » mises en accusation du nazisme, « écrit avec une profonde sincérité et sensibilité ». Cynthia Ozick dit avec enthousiasme qu'elle avait « immédiatement » reconnu l'authenticité de Kosinski comme « survivant juif témoin de l'Holocauste ». Bien après que la preuve eut été faite que Kosinski était un mystificateur, Wiesel continua à couvrir d'éloges ce « remarquable accomplissement[36] ».

---

36. Elie Wiesel, « Everybody's Victim » in *New York Times Book Review*, 31 octobre 1965 ; Wiesel, *Tous les fleuves*, *op. cit.*, p. 335. La citation d'Ozick est dans Sloan, pp. 304-305. L'admiration de Wiesel pour Kosinski n'a rien d'étonnant. Kosinski vou-

L'Oiseau bariolé devint un classique de l'Holocauste, un best-seller qui obtint plusieurs prix. Traduit en de nombreuses langues, sa lecture était recommandée dans les lycées et les universités. Dans les circuits de l'Holocauste, Kosinski se qualifiait lui-même de «Wiesel à prix réduit». (Ceux qui ne pouvaient pas se payer les tarifs de Wiesel – le silence coûte cher – avaient recours à lui.) Finalement démasqué par l'enquête d'un hebdomadaire, Kosinski continua à être énergiquement défendu par le *New York Times*, qui soutenait qu'il était victime d'un complot communiste[37].

Dans une supercherie plus récente, *Fragments*[38], de Binjamin Wilkomirski, on trouve de larges emprunts au kitsch de *L'Oiseau bariolé*. Comme Kosinski, Wilkomirski raconte sa vie d'enfant survivant solitaire, qui devient muet, aboutit dans un orphelinat, et ne découvre que tardivement qu'il est juif. Comme dans

---

lait analyser « le nouveau langage » de l'Holocauste, et Wiesel, «forger un nouveau langage» du même. Pour Kosinski, « ce qui se trouve entre les épisodes est à la fois quelque chose qui les commente et qui est commenté par eux.» Pour Wiesel, «l'espace entre deux mots est plus vaste que la distance entre le ciel et la terre.» Il existe une expression polonaise pour ce genre de pensées profondes: «entre vide et rien». Tous deux parsèment leurs ruminations de citations de Camus, signe éloquent de charlatanisme intellectuel. Se souvenant que Camus lui avait dit autrefois: «Je vous envie pour Auschwitz», Wiesel poursuit: «Camus ne pouvait pas se consoler de n'avoir pas la connaissance de cet événement solennel, de ce mystère des mystères.» (Wiesel, *Tous les fleuves, op. cit.*, p. 234; *Against Silence, op. cit.*, vol II, p. 133.)

37. Geoffrey Stokes et Eliot Fremont-Smith, «Jerzy Kosinski's Tainted Words» (Les mots bariolés de Jerzy Kosinski) in *Village Voice*, 22 juin 1982. Il faut dire au crédit de Kosinski qu'il se livra à une sorte de confession *pre mortem*. Dans les quelques années qui s'écoulèrent entre la découverte de sa mystification et son suicide, il regrettait que l'industrie de l'Holocauste ait exclu les victimes non juives. «Beaucoup de Juifs américains considèrent ces événements comme la Shoah, comme un désastre uniquement juif. [...] Mais parmi les victimes de ce génocide, il y a eu la moitié des Tziganes, 2,5 millions de Polonais catholiques, des millions de citoyens soviétiques et d'autres nationalités...» Il a également rendu hommage au «courage des Polonais» qui lui ont «donné asile pendant l'Holocauste» malgré son « type juif». (Jerzy Kosinski, *Passing by*, New York, 1992, pp. 165-166, 178-179.) À une question agressive au cours d'une conférence sur l'Holocauste – «Qu'est-ce que les Polonais ont fait pour sauver les Juifs ?» – , il répondit du tac au tac: «Qu'est-ce que les Juifs ont fait pour sauver les Polonais ?»)

38. *Fragments. Une enfance, 1939-1948*, trad. fr. par Lea Marcou, Paris, Calmann-Lévy, 1997. Pour le contexte du faux de Wilkomirski, voir Elena Lappin, *The Man With Two Heads* (trad. fr. par Pierre-Emmanuel Dauzat, *L'Homme qui avait deux têtes*, Paris, L'Olivier, 2000), in *Granta*, 1966, et Philip Gourevitch, «Stealing the Holocaust» in *New Yorker*, 14 juin 1999.

L'Oiseau bariolé, le procédé narratif repose sur l'emploi d'un ton simple, dépouillé, celui d'un enfant naïf, avec dates et noms de lieux laissés dans le vague. Comme dans *L'Oiseau bariolé* encore, chaque chapitre culmine dans une orgie de violence. Kosinski présentait *L'Oiseau bariolé* comme « un lent dégel de l'esprit » ; Wilkomirski présentait *Fragments* comme « une mémoire retrouvée[39] ».

Mystification de la plus belle eau, *Fragments* est néanmoins un archétype de la littérature de l'Holocauste. L'action commence dans les camps de concentration, où tous les gardes sont de monstrueux fous sadiques qui font joyeusement exploser les crânes des bébés juifs. Les mémoires classiques sur les camps de concentration concordent pourtant avec l'opinion du

---

39. Une autre influence » littéraire » importante sur Wilkomirski est celle de Wiesel, comme le montre la comparaison des deux passages suivants :
Wilkomirski : « Je vis ses immenses prunelles, et aussitôt ce fut pour moi une évidence : ces yeux savaient tout, ils avaient vu tout ce que mes propres yeux avaient vu, ces yeux en savaient infiniment plus que quiconque dans ce pays. Ces yeux, je les connaissais. Je les avais vus mille et mille fois, au camp et aussi plus tard. C'étaient aussi ceux de Carola. C'est avec ces yeux-là que nous, les enfants des baraques, nous nous racontions tout. Elle aussi le savait, son regard transperça le mien jusqu'au cœur. » (*Fragments*, *op. cit.*, p. 137)
Wiesel : « Leurs yeux. Il faut en parler dès le commencement, ne serait-ce que pour appeler la parole et peut-être la justifier. Il faut les décrire avant d'aller plus loin, avant de toucher à autre chose, car ils précèdent et contiennent toutes choses. C'est par eux que nous tenterons d'aborder leur silence, le destin de ce silence. Le reste peut attendre et attendra. Le reste ne viendra que confirmer ou illustrer une connaissance déjà acquise.
Comme tournés vers la source du temps, leurs yeux semblent lui donner son mystère. On dirait qu'une vérité première les brûle mais ne les consume pas. Ne sachant la déchiffrer, l'étranger que vous êtes ne peut que baisser la tête et se soumettre ; il ne verra jamais ce qu'ils reflètent, ce qu'ils voient.
Dès la première rencontre, leurs yeux accrochent votre regard pour ne plus le lâcher. Du coup, vous n'avez plus rien à dire. De votre enfance remonte une peur ancienne de devoir affronter seul un monde que jamais vous ne comprendrez, et des êtres que jamais vous ne vous concilierez. Vous vous retrouvez pauvre, impuissant, orphelin. Ayant perdu leur poids, leur signification, les mots ne vous sont plus d'aucun secours : ils cessent de servir de lien pour devenir obstacle. Comme vous, ils ont été vaincus par les yeux d'hommes qui désespèrent de la parole. » (*Les Juifs du silence*, Le Seuil, 1966, p. 7)
Wiesel poursuit sa rhapsodie sur « les yeux » pendant encore une page et demie. Cette prouesse littéraire n'a d'égale que sa maîtrise dialectique. Ailleurs, Wiesel affirme : « À la différence de bien des libéraux, je crois à la culpabilité collective. » Ailleurs encore, il affirme : « Je souligne que je ne crois pas à la culpabilité collective. » (*Against Silence*, *op. cit.*, vol. II, p. 134)

Dr Ella Lingens-Reiner, une survivante d'Auschwitz, pour qui « il y avait peu de sadiques. Pas plus de cinq ou dix pour cent[40] ». Le sadisme généralisé est au contraire toujours souligné dans la littérature de l'Holocauste, avec le double effet d'étayer aussi bien l'irrationalité unique de l'Holocauste que l'antisémitisme fanatique des bourreaux.

La particularité de *Fragments* tient moins à la description de la vie pendant l'Holocauste qu'à ce qui se passe ensuite. Adopté par une famille suisse, le petit Binjamin va endurer de nouveaux tourments. Il est pris au piège dans un monde de négationnistes. « Oublie tout ça, lui crie sa mère, ce n'était qu'un mauvais rêve. [...] Un mauvais rêve, il ne faut plus y penser. » Et l'enfant s'énerve : « Ici, dans ce pays, ils me disent tous sans cesse qu'il faut que j'oublie, que je n'ai fait que rêver. Mais ils savent bien ce qui s'est passé ! »

Même à l'école, « les garçons me montrent du doigt, me menacent du poing, et crient : "Il délire, il raconte des histoires ! Menteur ! Il est timbré, il est fou, c'est un idiot." » (Soit dit en passant : ils n'avaient pas tort.) Tous les enfants sont ligués contre le pauvre Binjamin, ils le bourrent de coups, ils lui chantent des rengaines antisémites, tandis que les adultes se moquent de lui et le traitent de fabulateur.

Poussé au plus profond désespoir, Binjamin se trouve soudain devant une épiphanie de l'Holocauste : « Le camp est encore là – juste caché, bien déguisé. Ils ont ôté leurs uniformes et ils ont mis de beaux habits pour ne pas qu'on les reconnaisse. [...] Donne-leur le plus petit signe qui indique que, peut-être, tu es juif, et tu verras : ce sont les mêmes, j'en suis sûr. Ils peu-

---

40. Bernd Naumann, *Auschwitz*, New York, 1966, p. 91. Pour une documentation exhaustive, on peut consulter Finkelstein et Birn, *L'Allemagne en procès*, *op. cit.*, pp. 67-68.

vent encore tuer, même sans uniforme. » Plus qu'un hommage au dogme de l'Holocauste, *Fragments* est comme une preuve décisive : même en Suisse – la Suisse neutre – tous les Gentils ont dans l'idée de tuer les Juifs.

Fragments fut accueilli comme un chef-d'œuvre de la littérature sur l'Holocauste. Traduit dans une douzaine de langues, il reçut le Jewish National Book Award, le prix du *Jewish Quarterly* et en France le prix de la mémoire de la Shoah. Vedette des documentaires télévisés, invité prestigieux à des séminaires et des conférences, collecteur de fonds pour le United States Holocaust Memorial, Wilkomirski fut rapidement promu tête d'affiche de l'Holocauste.

Daniel Goldhagen salua dans *Fragments* « une petite merveille » et se fit le principal champion de Wilkomirski dans le milieu universitaire. Mais des historiens sérieux comme Raul Hilberg sentirent très vite la fraude. Après qu'elle eut été démontrée, Hilberg posa les bonnes questions : « Comment ce livre a-t-il pu être pris, dans plusieurs maisons d'édition, pour un recueil de souvenirs authentiques ? Comment se peut-il que l'on ait invité M. Wilkomirski au United States Holocaust Memorial Museum et dans des universités de haut niveau ? Comment se fait-il que nous n'ayons aucun contrôle de qualité sérieux dès qu'il est question d'évaluer avant publication des textes sur l'Holocauste[41] ? »

Mi-charlatan mi-timbré, Wilkomirski a passé toute la guerre en Suisse. Il n'est même pas juif. Écoutons néanmoins les plaidoyers *post-mortem* de l'industrie de l'Holocauste :

Arthur Samuelson, son éditeur : « *Fragments* est un bon petit bouquin (*a pretty cool book*). [...] Ce n'est

---

41. Lappin, *The Man With Two Heads*, *op. cit.*, p. 49. Hilberg pose toujours les bonnes questions. D'où son statut de paria dans la communauté de l'Holocauste ; voir Hilberg, *The Politics of Memory*, *op.cit.*

un faux que si on le classe dans les essais. Je n'hésiterais pas à le republier, dans la catégorie fiction. Peut-être que ce qu'il raconte n'est pas vrai – mais il n'en est que meilleur écrivain ! »

Carol Brown Janeway, traductrice du livre et responsable de l'édition : « S'il se confirme [...] que les accusations sont fondées, alors ce qui est en question, ce ne sont pas des faits empiriques que l'on peut vérifier, mais des faits spirituels qui doivent être médités. C'est une vérification d'âme qu'il faudrait faire, et ce n'est pas possible. »

Il y a mieux. Israël Gutman, qui fait partie des dirigeants de Yad Vashem, le musée israélien de l'Holocauste, et qui donne des cours sur l'Holocauste à l'Université hébraïque, est un rescapé d'Auschwitz. Selon lui, « il n'est pas important » que *Fragments* soit un faux. « Wilkomirski a écrit une histoire dont il a ressenti profondément le sens ; c'est certain [...] ce n'est pas un faussaire. C'est quelqu'un qui vit cette histoire dans le fond de son âme. Sa douleur est authentique. » Donc, peu importe que Wilkomirski ait passé la guerre dans un chalet suisse ou dans un camp de concentration. Wilkomirski n'est pas un faussaire si « sa douleur est authentique » : c'est ainsi que s'exprime un survivant d'Auschwitz devenu un expert de l'Holocauste. Les autres méritent notre mépris ; Gutman, lui, mérite seulement notre pitié.

L'article du *New Yorker* dénonçant la fraude de Wirkomirski est intitulé « Le vol de l'Holocauste ». Hier, Wilkomirski était acclamé pour ses contes sur la malignité des Gentils ; aujourd'hui il est condamné comme un mauvais Gentil de plus. C'est *toujours* la faute des Gentils. Il est vrai que Wilkomirski a trafiqué son passé, mais il est encore plus vrai que l'industrie de l'Holocauste, fondée sur un frauduleux détournement de l'histoire à des fins idéologiques, était toute disposée à célébrer cette mystification. Wilkomirski était le « survivant » que l'industrie de l'Holocauste attendait.

En octobre 1999, l'éditeur allemand de Wilkomirski retira *Fragments* des librairies, en reconnaissant publiquement que l'auteur n'était pas un orphelin juif mais un Suisse nommé Bruno Doessekker. Apprenant que le pot aux roses était découvert, Wilkomirski s'écria d'un air de défi : « Je suis Binjamin Wilkomirski ! » Schocken, l'éditeur américain, mit un mois avant de retirer *Fragments* de son catalogue[42].

La littérature secondaire autour de l'Holocauste est elle aussi instructive. Un signe éloquent est l'importance qu'elle donne à l'*Arab connexion*. Bien que le grand Mufti de Jérusalem n'ait pris « aucune part significative dans l'Holocauste » écrit Novick, il joue « un rôle vedette » dans les volumes de l'*Encyclopédie de l'Holocauste* publiés par Israël Gutman. Le Mufti occupe aussi une place prééminente à Yad Vashem, si bien que – comme le souligne Tom Segev – « on laisse au visiteur le soin de conclure qu'il existe bien des points communs entre les plans des nazis pour exterminer les Juifs et l'hostilité des Arabes envers Israël ». S'exprimant à propos d'une commémoration d'Auschwitz, où officiaient des représentants de toutes les confessions, Wiesel n'éleva d'objections qu'à la présence d'un cadi musulman : « N'avons-nous pas oublié [...] le Mufti de Jérusalem, Hadj Amin al-Husseini, l'ami de Heinrich Himmler ? » Soit dit en passant, si le Mufti a été un personnage si important dans la Solution finale, pourquoi Israël ne l'a-t-il pas traîné devant un tribunal, comme Eichmann ? Après la guerre il vivait au su de tous, aux portes d'Israël, au Liban[43].

42. « Publisher Drops Holocaust Book » in *New York Times*, 3 novembre 1999 ; Allan Hall et Laura Williams, « Holocaust Hoaxer ? » in *New York Post*, 4 novembre 1999.
43. Novick, *The Holocaust, op. cit*, p. 158 ; Tom Segev, *The Seventh Million, op. cit.*, p. 425 ; Wiesel, *Et la mer, op. cit.*

Dans la foulée de la malencontreuse invasion du Liban par Israël en 1982 et de la remise en question de la propagande officielle par les « nouveaux historiens » israéliens, les apologistes attitrés firent des efforts désespérés pour mettre dans le même panier les Arabes et le nazisme. Le célèbre historien Bernard Lewis parvint à consacrer au nazisme arabe un chapitre entier de sa brève histoire de l'antisémitisme, et trois pleines pages de sa « petite histoire des 2000 dernières années » au Moyen-Orient. À l'autre extrémité du spectre de l'Holocauste, Michael Berenbaum du Washington Holocaust Memorial Museum consent généreusement à admettre que « les pierres lancées par de jeunes Palestiniens en colère contre Israël [...] ne sont pas l'équivalent des agressions nazies contre des civils juifs sans défense[44] ».

Lors de la parution de la dernière en date des absurdités de l'Holocauste, *Les Bourreaux volontaires de Hitler* de Daniel Jonah Goldhagen, tous les journaux importants ont publié au moins un article à son propos. Le *New York Times* lui a consacré plusieurs analyses, saluant le livre comme « l'une des rares nouveautés dont on peut dire qu'elle fera date ». (R. Bernstein) Avec plus d'un demi-million d'exemplaires vendus et des traductions en treize langues, le livre de Goldhagen fut présenté dans *Time* magazine comme le livre « dont on a le plus parlé », et le deuxième sur la liste des meilleurs essais de l'année[45].

Élie Wiesel, soulignant le « remarquable travail de recherche », « la profusion des preuves [...] le flot de documents et de faits convoqués... » proclama que

---

44. Bernard Lewis, *Semites and Anti-Semites* (trad. fr. par Jacqueline Caranud et Jacqueline Lahana, *Sémites et Antisémites*, Paris, Fayard, 1987), New York, 1986, chap. 6 ; Bernard Lewis, *The Middle East* (trad. fr. par Jacqueline Carnaud et Jacqueline Lahana, *Histoire du Moyen-Orient : deux mille ans d'histoire, de la naissance du christianisme à nos jours*, Albin Michel, 1996), New York, 1995, pp. 348-350 ; Berenbaum, *After Tragedy*, *op. cit.*, p. 84.

45. *New York Times*, 27 mars, 2 avril et 3 avril 1996 ; *Time*, 23 décembre 1996.

Les Bourreaux volontaires de Hitler était « une fantastique contribution à la compréhension et à l'enseignement de l'Holocauste ». Israël Gutman en fit l'éloge pour « avoir soulevé de nouvelles questions, manifestement essentielles » que « le corpus central des recherches sur l'Holocauste » ignorait jusque-là. Proposé pour la chaire d'histoire de l'Holocauste à Harvard, élevé au même rang que Wiesel dans les médias nationaux, Goldhagen est vite devenu omniprésent dans le circuit de l'Holocauste.

La thèse centrale du livre fait partie des dogmes habituels de l'Holocauste : poussés par une haine pathologique, les Allemands ont sauté sur l'occasion que leur offrait Hitler pour massacrer les Juifs. Même Yehuda Bauer, un auteur important de l'Holocauste, qui enseigne à l'Université hébraïque et fait partie de la direction de Yad Vashem, a évolué radicalement sur ce dogme. Il y a plusieurs années, il écrivait sur l'état d'esprit des bourreaux : « Les Juifs ont été massacrés par des gens qui, dans l'ensemble, ne les haïssaient pas. [...] Les Allemands n'avaient pas à haïr les Juifs pour les tuer. » Mais dans un compte rendu récent du livre de Goldhagen, Bauer soutient une thèse totalement inverse : « À partir de la fin des années 1930, ce sont les attitudes meurtrières les plus extrêmes qui ont prévalu. [...] Dès le déclenchement de la Seconde Guerre mondiale, la grande majorité des Allemands s'est si bien identifiée au régime et à sa politique antisémite qu'il n'était pas difficile de recruter des bourreaux. » Interrogé sur cette antinomie, Bauer répondit : « Je ne vois aucune contradiction entre ces énoncés[46]. »

---

46. Yehuda Bauer, « Reflections Concerning Holocaust History » in Louis Greenspan et Graeme Nicholson (sous la dir. de) *Fackenheim*, Toronto, 1993, pp. 164, 169 ; Yehuda Bauer, « On Perpetrators of the Holocaust and the Public Discourse » in *Jewish Quarterly Review*, n° 87, 1997, pp. 348-350 ; Norman G. Finkelstein et Yehuda Bauer, « Goldhagen's Hitler's Willing Executioners : An Exchange of Views » in *Jewish Quarterly Review*, n° 1-2, 1998, p. 126.

Bien qu'il présente tout l'appareil d'une étude scientifique, *Les Bourreaux volontaires de Hitler* se résume pour finir à un étalage d'épisodes de violence sadique. Il n'est guère étonnant que Goldhagen se soit fait le champion de Wilkomirski : *Les Bourreaux volontaires* sont l'équivalent de *Fragments*, avec des notes de bas de page. Bourré d'erreurs grossières dans la présentation des sources et de contradictions internes, ce livre est dénué de toute valeur scientifique. Dans *L'Allemagne en procès : la thèse de Goldhagen et la vérité historique*, Ruth Bettina Birn et moi-même avons montré, preuves à l'appui, que le travail de Goldhagen était nul. La controverse qui s'est ensuivie a éclairé de façon instructive le fonctionnement réel de l'industrie de l'Holocauste.

B. Birn, dont le travail sur les archives consultées par Goldhagen fait autorité dans le monde entier, publia d'abord ses critiques dans le *Historical Journal* de Cambridge. Le journal ayant invité Goldhagen à répondre sur le fond, il refusa et préféra charger un grand cabinet d'avocats de Londres d'intenter un procès en diffamation à B. Birn et à Cambridge University Press. Ces avocats exigeaient des excuses, une rétractation et la promesse de B. Birn de ne pas réitérer ses critiques. Ils ajoutaient sur un ton menaçant : « Toute publicité de votre part fondée sur la présente lettre ne pourrait que conduire à une aggravation du dommage[47]. »

Peu après que l'auteur de ces lignes eut lui aussi publié un texte argumenté à l'encontre du livre de Daniel Goldhagen dans la *New Left Review*, Metropolitan, une maison d'édition du groupe de Henry

---

47. Pour le contexte de cette affaire et pour ce qui suit, voir Charles Glass, « Hitler's (un)willing Executioners » in *New Stateman*, 23 janvier 1998 ; Laura Shapiro, « A Battle over the Holocaust » in *Newsweek*, 23 mars 1998 et Tibor Krausz, « The Goldhagen Wars » in *Jerusalem Report*, 3 août 1998. Pour tous ces articles, voir www. normanfinkelstein.com (avec un lien sur le site de Goldhagen).

Holt, accepta de faire paraître les deux essais ensemble dans un même livre. Dans un article de première page, *Forward* mit en garde ses lecteurs, annonçant que Metropolitan « se préparait à sortir un livre de Norman Finkelstein, opposant idéologique notoire à l'État d'Israël ». *Forward* est un journal de première importance quand il s'agit d'imposer la vision « idéologiquement correcte » de l'Holocauste aux États-Unis.

Sous le prétexte que « les perfides provocations de Finkelstein [...] sont irréversiblement contaminées par sa position antisioniste », le directeur de l'ADL, Abraham Foxman, demanda à Holt de renoncer à publier le livre : « La question n'est pas de savoir si la thèse de Goldhagen est juste ou pas, mais de faire la distinction entre une "critique légitime" et ce qui passe les bornes. » À quoi la responsable de l'édition du livre chez Metropolitan, Sara Bershtel, répondit : « La question est précisément de savoir si la thèse de Goldhagen est juste ou pas. »

Leon Wieseltier, responsable de la rubrique littéraire du périodique pro-israélien *New Republic*, intervint personnellement auprès du président de Holt, Michael Naumann. « Vous ne savez pas qui est ce Finkelstein. C'est du poison, c'est un sale juif hanté par la haine de soi (*a disgusting self-hating Jew*), c'est le genre de cloporte qu'on trouve sous les pierres. » Pour Elan Steinberg, directrice du World Jewish Congress, la décision de Holt était une « honte » : « S'ils veulent faire les poubelles, ils devraient porter des tenues de protection. »

« Jamais je n'ai rencontré un tel acharnement pour empêcher un projet de publication de voir le jour », affirmait plus tard Naumann. Et Tom Segev, historien et journaliste israélien de premier plan, faisait remarquer dans *Haaretz* que cette campagne s'apparentait à du « terrorisme intellectuel ».

Ruth Bettina Birn, chef du Département historique de la section des crimes de guerre et des crimes contre l'humanité au ministère canadien de la Justice, eut ensuite à subir les attaques des organisations juives canadiennes. M'accusant d'être « un anathème pour la grande majorité des Juifs de ce continent », le Canadian Jewish Congress dénonça la collaboration de B. Birn au livre. Le CJC fit parvenir une protestation à son employeur, le ministère de la Justice. Cette plainte, associée à un rapport émanant du CJC, où B. Birn était qualifiée de « membre de la race des coupables » (elle est d'origine allemande), déclencha une enquête officielle sur son compte.

Même après la publication du livre, les attaques *ad hominem* ne faiblirent pas. Goldhagen prétendit que B. Birn – qui consacre sa vie à la poursuite des criminels de guerre nazis – travaillait à alimenter l'antisémitisme, et que moi-même, j'étais convaincu que les victimes du nazisme, y compris ma propre famille, méritaient ce qui leur était arrivé[48]. Les collègues de Goldhagen au Harvard Center for European Studies, Stanley Hoffmann et Charles Maier, prirent publiquement parti en sa faveur[49].

Qualifiant de « bobard » les accusations de censure, la *New Republic* affirmait qu'« il y a une différence entre censure et respect des normes scientifiques ». Mais *L'Allemagne en procès : la thèse de Goldhagen et*

48. Daniel Jonah Goldhagen, « Daniel Jonah Goldhagen Comments on Birn » in *German Politics and Society*, été 1998, pp. 88, 91, note 2. Daniel Jonah Goldhagen, « The New Discourse of Avoidance », note 25. (www. goldhagen.com/nda2html)

49. Hoffmann était le directeur de thèse de Goldhagen pour le travail qui donna naissance aux *Bourreaux volontaires de Hitler*. Rompant ouvertement avec les usages académiques, non seulement il écrivit un éloge ronflant du livre dans *Foreign Affairs*, mais dans un autre compte rendu pour le même journal, il dénonça *L'Allemagne en procès* comme « choquant » (*Foreign Affairs*, mai-juin 1996 et juillet-août 1998). Maier fit passer une longue contribution sur le site web H-German (*www2.h-net.msu.edu*). Les seuls « aspects du déroulement de cette situation » que Maier trouvait « vraiment détestables et répréhensibles » étaient les critiques à l'encontre de Goldhagen. Il apportait ainsi son soutien à l'accusation dans le procès intenté par Goldhagen à B. Birn et critiquait mon argumentation comme « une spéculation fantaisiste et provocatrice » (23 novembre 1997).

la vérité historique reçut le soutien des historiens de l'holocauste nazi les plus réputés comme Raul Hilberg, Christopher Browning et Ian Kershaw. Les mêmes manifestèrent clairement le peu de cas qu'ils faisaient du livre de Goldhagen ; Hilberg le considérait comme dépourvu de valeur (*worthless*). Question de respect des normes scientifiques !

Voyez le tableau : Wiesel et Gutman soutiennent Goldhagen ; Wiesel soutient Wilkomirski ; Gutman et Goldhagen soutiennent Wilkomirski. Tout le monde se tient dans la littérature de l'Holocauste.

Malgré l'extravagante publicité qui les entoure, ceux qui nient l'Holocauste n'exercent probablement pas plus d'influence aux États-Unis qu'une association dont le but serait de prouver que la terre est un disque plat. Vu la masse d'absurdités déversées chaque jour par l'industrie de l'Holocauste, il est en revanche étonnant qu'il y ait *si peu* de sceptiques. Il est facile de discerner les raisons qui conduisent à exagérer l'importance du négationnisme. Dans une société saturée d'Holocauste, quel meilleur moyen pour justifier toujours davantage de musées, de livres, de filières universitaires, de films et de programmes télévisés, que de faire appel au spectre de la négation de l'Holocauste ? C'est pourquoi le livre à succès de Deborah Lipstadt, *Denying the Holocaust*[50], est paru au moment de l'ouverture du Washington Holocaust Memorial Museum, en même temps que les résultats d'un sondage inepte de l'AJC faisant état d'une poussée inquiétante du négationnisme[51].

---

50. New York, 1994. Deborah Lipstadt est titulaire de la chaire de l'Holocauste à la Emory University et a été récemment nommée au conseil de l'United States Holocaust Memorial.

51. Formulée avec une double négation, la question de ce sondage prêtait à confusion : « Vous semble-t-il possible ou impossible que l'extermination des Juifs par les nazis ait jamais eu lieu ? » Vingt-deux pour cent des sondés répondirent : « Cela me semble possible. » Dans des sondages réalisés par la suite avec la question convenablement posée, le négationnisme était proche de zéro. Une étude récente de l'AJC, portant sur onze pays, concluait qu'en dehors de quelques extrémistes de droite,

Denying the Holocaust est une version mise à jour des pamphlets (*tracts*) sur «le nouvel antisémitisme». Pour prouver l'expansion du négationnisme, D. Lipstadt cite quelques publications aberrantes. Sa *pièce de résistance** est un certain Arthur Butz, nullité qui enseigne la technologie électrique à la Northwestern University et qui a publié *The Hoax of the Twentieth Century* (L'Imposture du XXe siècle) dans une obscure maison d'édition. D. Lipstadt intitule le chapitre qu'elle lui consacre: «La pénétration [du négationnisme] dans l'idéologie dominante.» Sans D. Lipstadt et ses semblables, personne n'aurait jamais entendu parler d'Arthur Butz.

En réalité, le seul négationniste qui soit vraiment présent dans un courant d'idées important est Bernard Lewis. Un tribunal français l'a même condamné pour avoir nié un génocide. Mais il s'agissait du génocide perpétré par les Turcs contre les Arméniens pendant la Première Guerre mondiale, et non du génocide des Juifs par les nazis. Et Lewis est un partisan d'Israël[52]. Ce négationnisme-là n'a pas entraîné la moindre réaction aux États-Unis. La Turquie est un allié d'Israël, ce qui a encore contribué à étouffer l'affaire. La mention d'un génocide des Arméniens est un sujet tabou. Élie Wiesel, le rabbin Arthur Herzberg, l'AJC et Yad Vashem se sont retirés d'une conférence sur le génocide tenue à Tel Aviv, parce que les organisateurs scientifiques avaient prévu – contre

---

«on trouvait peu de gens qui niaient l'Holocauste.» (Jennifer Golub et Renae Cohen, *What Do Americans Know About the Holocaust*, The American Jewish Committee, 1993; «Holocaust Deniers Unconvincing Surveys» in *Jerusalem Post,* 4 février 2000). Mais dans un témoignage devant le Congrès portant sur «L'antisémitisme en Europe», David Harris, de l'AJC, mettait l'accent sur l'importance du négationnisme dans l'extrême-droite en Europe, sans mentionner une seule fois la constatation, faite par l'AJC, que ces idées étaient pratiquement sans influence sur le grand public. (Auditions devant le Foreign Relations Committee, United States Senate, 5 avril 2000)

* En français dans le texte.

52. Voir «France Fines Historian Over Armenian Denial» in *Boston Globe,* 22 juin 1995 et «Bernard Lewis and the Armenians» in *Counterpunch*, 16-31 décembre 1997.

l'avis formel du gouvernement israélien – des séances de travail sur le cas arménien. Wiesel avait cherché à faire avorter la conférence et avait même fait pression directe, selon Yehuda Bauer, sur les autres participants pour qu'ils y renoncent[53]. Sous la pression d'Israël, le US Holocaust Council a pratiquement éliminé toute mention des Arméniens dans le Washington Holocaust Memorial Museum, et le lobby juif au Congrès a bloqué le projet d'un Jour du souvenir pour le génocide arménien[54].

Pour D. Lipstadt, mettre en question le témoignage d'un survivant, dénoncer le rôle des Juifs collaborateurs, suggérer que des Allemands ont souffert lors du bombardement de Dresde ou que d'autres pays que l'Allemagne ont commis des crimes de guerre, tout cela relève clairement du négationnisme[55]. Émettre l'idée que Wiesel a profité de l'industrie de l'Holocauste, ou simplement le mettre en cause équivaut pareillement à du négationnisme[56].

Les formes les plus « insidieuses » du négationnisme sont, selon D. Lipstadt, des « équivalences immorales », c'est-à-dire la négation de l'unicité de l'Holocauste[57]. Cet argument a de curieuses implications. Goldhagen soutient que les exactions des Serbes au Kosovo « dans leur essence, ne diffèrent des crimes de l'Allemagne nazie que par leur échelle[58] ». Ce qui ferait de Goldhagen, « dans son essence », un négationniste. À l'autre extrémité de l'éventail politique, certains commenta-

53. Israël Charny, « The Conference Crisis. The Turk, Armenians and the Jews » in *The Book of the International Conference on the Holocaust and Genocide. Book One: The Conference Program and Crisis*, Tel Aviv, 1982. Israël Amrani, « A Little Help for Friends » in *Haaretz*, 20 avril 1990 (Bauer). Dans un curieux compte rendu, Wiesel dit avoir abandonné son siège à la conférence pour » ne pas offenser nos invités arméniens ». Il est probable qu'il a essayé de faire avorter la conférence par courtoisie envers les Arméniens. (Wiesel, *Et la mer*, *op. cit.*, p. 142)

54. Edward T. Linenthal, *Preserving Memory*, New York, 1995, pp. 228, 263, 312-313.

55. Lipstadt, *Denying*, *op. cit.*, pp. 6, 12, 22, 89-90.

56. Wiesel, *Tous les fleuves*, *op. cit.*, pp. 369, 372.

57. Lipstadt, *Denying*, *op. cit.*, chap. 11.

58. « A New Serbia » in *New Republic*, 17 mai 1999.

teurs israéliens ont comparé la conduite des Serbes au Kosovo à celle des Israéliens en 1948 contre les Palestiniens[59]. Dans ce cas, d'après la façon de voir de Goldhagen, les Israéliens ont commis un Holocauste, ce que même les Palestiniens ne soutiennent plus.

Si ignobles que soient les opinions et les motivations de ses auteurs, la littérature négationniste n'est pas entièrement dénuée d'intérêt. D. Liptadt accuse David Irving* d'être « l'un des plus dangereux parmi les porte-parole du négationnisme » (il a récemment perdu un procès qu'il lui avait intenté pour cette assertion et d'autres du même genre). Mais Irving, bien connu pour être un admirateur de Hitler et un sympathisant du national-socialisme, a malgré tout apporté une contribution « indispensable » – comme l'indique Gordon Craig – à notre connaissance de la Seconde Guerre mondiale. Arno Meyer, dans son important travail sur l'holocauste nazi, et Raul Hilberg citent tous deux des publications de négationnistes. Et Hilberg écrit : « Si ces gens-là veulent s'exprimer, laissez-les faire. Le seul résultat sera de pousser ceux d'entre nous qui font des recherches à réexaminer ce que nous aurions pu considérer comme évident. Et c'est là quelque chose d'utile pour nous[60]. »

---

59. Voir par exemple Meron Benvenisti, « Seeking Tragedy » in *Haaretz*, 16 avril 1999 ; Zeev Chafets, « What Undergraduate Clinton Has Forgotten » in *Jerusalem Report*, 10 mai 1999, et Gideon Levi, « Kosovo, It is Here » in *Haaretz*, 4 avril 1999. (Benvenisti limite la comparaison serbe à la conduite des Israéliens après mai 1948.)

* Historien britannique, spécialiste de la Seconde Guerre mondiale, David Irving a adhéré, à partir des années 1980, aux thèses négationnistes. En avril 2000, une cour de justice britannique l'a condamné pour avoir tenu et écrit des propos racistes et antisémites et pour avoir nié l'existence des chambres à gaz (N.d.T.).

60. Arno Mayer, *La « Solution finale » de l'histoire*, Paris, La Découverte, 1990 ; Christopher Hitchens, « Hitler's Ghost » in *Vanity Fair*, juin 1996 (Hilberg). Pour un jugement équilibré sur Irving, voir Gordon Craig, « The Devil in the Details » in *New York Review of Books*, 19 septembre 1996. Écartant les thèses d'Irving sur l'holocauste nazi comme « stupides et complètement déconsidérées », Gordon continue néanmoins : « Il en sait plus sur le national-socialisme que la plupart des spécialistes du sujet, et ceux qui travaillent sur les années 1933-1945 sont plus redevables qu'ils ne l'admettent généralement à son énergie de chercheur, à l'ampleur et à la force de ses publications. [...] Son livre, *Hitler's War* [...] reste la meilleure

Chaque année, le Jour du Souvenir de l'Holocauste est un événement national. Les cinquante États de l'Union organisent des cérémonies commémoratives, souvent dans le cadre des assemblées législatives. L'Association des organisations de l'Holocauste compte cent institutions aux États-Unis Dans le paysage américain, on dénombre sept grands musées de l'Holocauste. La pièce centrale de cette mémorialisation est le United States Holocaust Memorial Museum de Washington.

La première question est de savoir pourquoi nous avons un musée de l'Holocauste, commandé et payé par l'administration fédérale, sur le Capitole de la nation. Sa présence sur le Mall à Washington est particulièrement incongrue en l'absence de tout musée commémorant les crimes de l'histoire des États-Unis. On peut imaginer les hurlements qui s'élèveraient en Amérique si l'Allemagne décidait d'élever un musée national à Berlin pour commémorer non pas le génocide nazi mais l'esclavage des Noirs ou l'extermination des Indiens[61].

D'après l'architecte qui a dessiné le musée de l'Holocauste, « un soin méticuleux a été mis à éviter tout endoctrinement, toute manipulation des impressions ou des émotions ». En fait, de la conception à l'exécution, le musée s'est trouvé embourbé dans la politique[62]. Le projet fut lancé par Jimmy Carter à la veille de sa campagne de réélection, pour apaiser les

---

étude sur le versant allemand dans la Seconde Guerre mondiale, et il est indispensable à tous ceux qui étudient la période. Des gens comme David Irving tiennent un rôle indispensable (*have an indispensable part*) dans l'entreprise historique, et nous ne nous risquerions pas à négliger leurs vues. »

61. Sur les efforts infructueux, de 1984 à 1994, pour édifier sur le Mall un musée national afro-américain, voir Fath Davis Ruffins, « Culture Wars Won and Lost », 2e partie : « The National African-American Project » in *Radical History Review*, hiver 1998. L'initiative au Congrès fut finalement liquidée par le sénateur Jesse Helms, de la Caroline du sud. Le Washington Holocaust Museum a un budget annuel de 50 millions de dollars, dont 30 millions viennent de fonds fédéraux.

62. Voir, pour le contexte, Linenthal, *Preserving Memory*; Saidel, *Never Too Late*, *op. cit.*, surtout les chap. 7 et 15 ; Tim Cole, *Selling the Holocaust*, New York, 1999, chap. 6.

bailleurs de fonds et les électeurs juifs, irrités par sa reconnaissance des « droits légitimes » des Palestiniens. Le rabbin Alexander Schindler, à la tête de la Conférence des présidents des principales organisations juives américaines, avait jugé « choquante » cette manière de concéder que les Palestiniens faisaient partie de l'humanité. Carter présenta les plans du musée au cours de la visite du Premier ministre israélien Menachem Begin à Washington, et pendant que se déroulait au Congrès une violente bataille sur un projet de vente d'armes à l'Arabie Saoudite. Les enjeux politiques apparaissent dans le musée sous d'autres aspects. Il passe sous silence les fondements chrétiens de l'antisémitisme européen, pour éviter de froisser un électorat puissant. Il minimise la politique des quotas d'immigration appliquée avant la guerre par les États-Unis, politique discriminatoire à l'égard des Juifs, entre autres. Il exagère le rôle des Américains dans la libération des camps et ne dit mot du recrutement massif de criminels de guerre par les États-Unis à la fin du conflit. Le message global du musée est que « nous » ne pourrions même pas concevoir – sans parler de commettre – des actes aussi démoniaques. « L'Holocauste, observe Michael Berenbaum dans le guide du musée, est contraire à la nature même de l'ethos américain. [...] Dans sa perpétration, nous voyons une violation de toutes les valeurs essentielles de l'Amérique. » Le musée de l'Holocauste reprend la leçon sioniste selon laquelle Israël constitue « la réponse adéquate au nazisme », et les dernières images présentées montrent les survivants juifs luttant pour entrer en Palestine[63].

La politisation commence avant même le seuil du musée. Il est situé place Raoul-Wallenberg, du nom

63. Michael Berenbaum, *The World Must Know*, New York, 1993, pp. 2, 214 ; Omer Bartov, *Murder in Our Midst*, Oxford, 1996, p. 180.

d'un diplomate suédois mis à l'honneur pour avoir sauvé des milliers de Juifs, et qui a fini dans une prison soviétique. Son compatriote, le comte Folke Bernadotte, qui sauva lui aussi des milliers de Juifs pendant la guerre, n'est pas mis à l'honneur, car Yitzhak Shamir, qui fut depuis Premier ministre d'Israël, commandita son assassinat car il le trouvait par trop « pro arabe »[64].

Mais la question première dans la politique du musée de l'Holocauste est de savoir *de qui* on honore la mémoire. Les Juifs sont-ils les seules victimes de l'Holocauste, ou bien les autres catégories visées par les persécutions nazies comptent-elles aussi pour des victimes[65]? Quand le musée en était encore au stade des plans, Élie Wiesel (avec Yehuda Bauer de Yad Vashem) mena l'offensive en faveur d'une commémoration limitée aux Juifs. Consulté en tant qu'« expert indiscuté de la période de l'Holocauste », Wiesel plaida sans relâche la prééminence de la victimisation des Juifs.

---

64. Pour les détails de cette affaire, voir Kati Marton, *A Death in Jerusalem*, New York, 1994, chap 9. Dans son essai, Wiesel rappelle le « passé "terroriste" légendaire » de l'assassin de Bernadotte, Yehoshua Cohen. Noter les guillemets de « terroriste » (*Et la mer, op. cit.*, p. 92). Le New York City Holocaust Museum, non moins englué dans la politique (le maire Ed Koch et le gouverneur Mario Cuomo courtisaient tous deux les Juifs, électeurs et bailleurs de fonds) a été dès le début un enjeu aux mains des promoteurs et financiers juifs locaux. À un certain moment, les promoteurs ont songé à supprimer le terme d'Holocauste dans le nom du musée, craignant qu'il fasse baisser la valeur d'un luxueux ensemble résidentiel voisin. De mauvais plaisants proposaient que cet ensemble soit dénommé « Treblinka Towers » et que les rues autour soient baptisées « Auschwitz Avenue » et « Birkenau Boulevard ». Le musée a sollicité un financement de J. Peter Grace, bien qu'ait été révélée son association avec un criminel de guerre nazi dûment condamné par les tribunaux. Il a organisé un gala au Hot Rod : « La New York Holocaust Memorial Commission vous invite à une soirée rock'n'roll qui durera toute la nuit. » (Saidel, *Never Too Late, op. cit.*, pp. 8, 121, 132, 145, 158, 161, 191, 240)

65. Novick qualifie cette question de « controverse des 6 millions contre les 11 millions ». Le chiffre de 5 millions de morts non-Juifs provient apparemment du célèbre « chasseurs de nazis » Simon Wiesenthal. Notant que ce chiffre « n'a aucun sens historique », Novick écrit : « Cinq millions est un chiffre, soit beaucoup trop bas (pour tous les civils non-Juifs tués par le Troisième Reich), soit beaucoup trop haut (pour les groupes non-Juifs spécialement destinés, comme les Juifs, à l'extermination). Bizarrement, après cette mise en garde, Novick appuie l'idée de commémorer les seuls Juifs, car les 6 millions « se rapportent à quelque chose de spécifique et de précis » alors que l'ensemble des 11 millions constitue « un magma informe ». (Novick, *The Holocaust, op. cit.*, pp. 214-216)

« Comme toujours, ils ont commencé par les Juifs, psalmodiait-il, et comme toujours ils ne s'en sont pas tenus aux seuls Juifs[66]. » Pourtant, on sait bien que les premières victimes politiques ne furent pas les Juifs mais les communistes, et que les premiers à être victimes d'un génocide ne furent pas les Juifs mais les handicapés[67].

Le principal problème, pour le musée de l'Holocauste, était de justifier le silence sur le génocide des Tziganes. Les nazis ont exterminé un demi-million de Tziganes, ce qui proportionnellement équivaut à peu près au génocide des Juifs[68]. Les promoteurs de l'Holocauste comme Yehuda Bauer affirment mordicus que les Tziganes n'ont pas été victimes d'un génocide de même nature que les Juifs. Les historiens respectés de l'holocauste nazi, comme Henry Friedlander et Raul Hilberg, ont soutenu la thèse inverse[69].

Derrière la marginalisation du génocide tzigane par le musée se cachent plusieurs motivations. Premièrement, on ne peut pas comparer la perte d'un Tzigane et celle d'un Juif. Le rabbin Seymour Siegel, directeur du US Holocaust Memorial Council, tournait

---

66. *Against Silence, op. cit.*, vol III, pp. 162,166.

67. Sur les handicapés victimes d'un génocide, voir en particulier Henry Friedlander, *The Origins of Nazi Genocide*, Chapel Hill, 1995. D'après Leon Wieseltier, les non-Juifs tués à Auschwitz « sont morts d'une mort inventée pour les Juifs [...] victimes d'une "solution" mise au point pour d'autres. » (Leon Wieseltier, « At Auschwitz Decency Dies Again » in *New York Times*, 3 septembre 1989. Pourtant, de nombreux travaux montrent que c'est la mise à mort inventée pour les Allemands handicapés qui fut infligée aux Juifs. Outre l'étude citée, voir aussi Michael Burleigh, *Death and Deliverance*, Cambridge, 1994.

68. Voir Guenter Lewy, *The Nazi Persecution of the Gypsies*, Oxford, 2000, pp. 221-222, pour les différentes évaluations du nombre de victimes tziganes.

69. Friedlander, *Origins, op. cit.*, (XII-XIII) : « En même temps que les Juifs, les nazis ont assassiné les Tziganes d'Europe. Définis comme un groupe racial "à peau sombre", les Tziganes, hommes, femmes et enfants, ne pouvaient pas échapper à leur destin de victimes du génocide nazi. [...] Le régime nazi n'a systématiquement massacré que trois groupes humains : les handicapés, les Juifs et les Tziganes. » (Outre que Friedlander est un historien de premier ordre, c'est un ancien d'Auschwitz.) ; Raul Hilberg, *The Destruction, op. cit.*, vol. III, pp. 999-1000. Avec sa franchise habituelle, Wiesel prétend avoir été déçu que le Holocaust Memorial Council, où il siégeait, n'eût pas de membre tzigane – comme s'il n'avait pas été en son pouvoir d'en nommer un. (*Et la mer, op. cit.*, p. 200)

en ridicule la demande d'une représentation des Tziganes comme une loufoquerie (*cockamamie*), mettant même en doute l'existence des Tziganes en tant que peuple : « Il devrait bien y avoir quelque reconnaissance, quelque mode d'identification du peuple tzigane [...] s'il existe quelque chose de ce genre. » Il consentait à admettre cependant qu'« il y avait eu de la souffrance [parmi eux] sous les nazis ». Edward Linenthal rappelle à quel point les représentants des Tziganes « se méfiaient profondément » du Conseil, « ressentant à l'évidence que certains membres voyaient la participation des Tziganes au musée avec l'œil d'une famille qui reçoit des parents importuns et gênants[70] ».

Deuxièmement, reconnaître le génocide tzigane signifie perdre le monopole juif sur l'Holocauste, avec une perte concomitante de « capital moral » juif. Troisièmement, si la persécution nazie a frappé les Tziganes comme les Juifs, le dogme selon lequel l'Holocauste représente le point culminant de la haine millénaire des Gentils contre les Juifs ne tient évidemment plus. De même, si c'est la jalousie des Gentils qui a déclenché le génocide des Juifs, est-ce aussi la jalousie qui a déclenché le génocide des Tziganes ? En définitive, dans l'exposition permanente du musée, les victimes non juives du nazisme ne bénéficient que d'une reconnaissance de pure forme[71].

La politisation du musée de l'Holocauste a été également conditionnée par le conflit israélo-palestinien.

---

70. Linenthal, *Preserving Memory*, pp. 241-246, 315.

71. Bien que le New York City Holocaust Museum soit encore plus « particulièrement judéocentrique » (Saidel) – dès le début, les représentants des victimes non-juives reçurent une note précisant que le musée était « pour les Juifs seulement » – Yehuda Bauer explosa de rage lorsque la commission se permit de suggérer que l'Holocauste avait fait d'autres victimes que les Juifs. « Si ceci n'est pas immédiatement et radicalement modifié, menaçait-il dans une lettre aux membres de la commission, je saisirai toute occasion pour [...] attaquer ce projet insultant à partir de toutes les tribunes publiques dont je dispose. » (Saidel, *Never Too Late*, *op. cit.*, pp. 125-126, 129, 212, 221, 224-225).

Avant d'être nommé directeur du musée, Walter Reich s'était fait remarquer par un éloge dithyrambique d'un livre de Joan Peter, autre mystification qui prétendait que la Palestine était absolument vide d'habitants avant la colonisation sioniste[72]. Reich fut obligé de démissionner sous la pression du Département d'État, pour avoir refusé d'inviter Yasser Arafat – devenu un allié docile des États-Unis – à visiter le musée. Puis John Roth, un théologien de l'Holocauste à qui l'on avait offert un poste de sous-directeur, fut contraint à la démission parce que dans le passé il avait émis des critiques à l'égard de l'État d'Israël. Le président du musée, Miles Lerman, rejetant un livre initialement approuvé par l'institution pour la raison qu'un de ses chapitres était écrit par Benny Morris – l'un des principaux « nouveaux historiens » critiques envers Israël – avouait : « Que ce musée entre en opposition avec Israël – c'est inconcevable[73]. »

Dans les suites des horreurs de l'invasion du Liban par Israël – culminant avec le massacre de plus de cent civils à Qana – Ari Shavit, éditorialiste du *Haaretz*, faisait remarquer qu'Israël pouvait agir en toute impunité, parce que « nous avons l'Anti-Defamation League [...] Yad Vashem et le musée de l'Holocauste[74] ».

72. Pour le contexte, voir Finkelstein, *Image and Reality*, *op. cit.*, chap.2.
73. « ZOA Criticizes Holocaust Museum's Hiring of Professor Who Compared Israel to Nazis » in *Israel Wire*, 5 juin 1998 ; Neal M. Sher, « Sweep the Holocaust Museum Clean » in *Jewish World Review*, 22 juin 1998 ; « Scoundrel Time » in *PS – The Intelligent Guide to Jewish Affairs*, 21 août 1998 ; Daniel Kurtzman, « Holocaust Museum Taps One of Its Own for Top Spot » in *Jewish Telegraph Agency*, 5 mars 1999 ; Ira Stoll, « Holocaust Museum Acknowledges a Mistake » in *Forward*, 13 août 1999.
74. Noam Chomsky, *World Orders Old and New*, New York, 1996, pp. 293-294 (Shavit).

III - La double extorsion

À l'origine, l'expression « survivants de l'Holocauste » désignait ceux qui avaient subi le terrible traumatisme du ghetto puis du camp. On estime à 100 000 le nombre de ces survivants à la fin de la guerre[1]. Aujourd'hui leur nombre ne peut guère dépasser le quart de ce chiffre. Comme ceux qui avaient souffert dans les camps se voyaient décerner la palme du martyre, bien des Juifs qui avaient passé la guerre ailleurs se sont fait passer pour des survivants des camps. Il y avait à cela un autre motif puissant, d'ordre matériel celui-ci. Après la guerre, le gouvernement allemand a versé des indemnités aux Juifs des ghettos et des camps. Beaucoup de Juifs se sont fabriqué un passé qui leur donne droit à figurer sur les listes des réparations[2]. « Si tous ceux qui se prétendent survivants le sont réellement – se demandait souvent ma mère – on se demande qui Hitler a bien pu tuer. »

Plusieurs chercheurs ont exprimé des doutes sur la fiabilité des témoignages de survivants. « Une bonne part des erreurs que j'ai découvertes dans mon propre travail, rappelle Hilberg, est à mettre sur le compte de témoignages. » Au sein même de l'indus-

---

1. Henry Friedlander, « Darkness and Dawn in 1945: The Nazis, the Allies, and the Survivors », in *US Holocaust Memorial Museum, 1945 – the Year of Liberation*, Washington, 1995, pp. 11-35.
2. Voir par exemple Tom Segev, *The Seventh Million*, *op. cit.*, p. 248.

trie de l'Holocauste, Deborah Lipstadt fait ironiquement remarquer que les survivants affirment souvent qu'ils ont été examinés par Josef Mengele en personne à Auschwitz[3].

Mis à part la fragilité de la mémoire, il existe plusieurs raisons de mettre en doute le témoignage de certains survivants. Mais comme ils sont désormais vénérés comme des saints vivants, personne n'ose mettre leur parole en doute. Les énoncés les plus absurdes sont admis sans commentaires. Dans son récit autobiographique tant acclamé, Élie Wiesel se souvient que, peu après sa libération de Buchenwald, âgé de dix-huit ans seulement, « [il a] lu la *Critique de la raison pure* – ne riez pas ! – en yiddish ». Laissons de côté le fait que Wiesel reconnaît qu'il « ignorait totalement la grammaire yiddish » à l'époque. Il reste que la *Critique de la raison pure* n'a jamais été traduite en yiddish. Wiesel se souvient également avec force détails d'un « mystérieux savant talmudique » qui, « en deux semaines, pour [le] surprendre, maîtrisa le hongrois ». Il raconte à un hebdomadaire juif qu'il « devient souvent enroué ou qu'il perd même la voix » en lisant silencieusement ses livres, « à haute voix, mais intérieurement ». À un journaliste du *New York Times,* il raconte qu'il a été renversé par un taxi sur Times Square : « J'ai volé sur la longueur d'un bloc. J'ai été heurté à l'angle de la 45e rue et de Broadway et l'ambulance m'a ramassé sur la 44e rue. » Et Wiesel de soupirer : « J'expose la vérité sans fard. Je ne peux pas faire autrement[4]. »

---

3. Lappin, *The Man With Two Heads, op. cit.*, p. 48. D.D. Guttenplan, « The Holocaust on Trial » in *Atlantic Monthly*, février 2000 (mais voir le texte cité plus haut, où Lipstadt affirme qu'émettre un doute sur le témoignage d'un survivant équivaut à du négationnisme).

4. Wiesel, *Tous les fleuves, op. cit.*, pp. 155, 173, 196, 202, 234, 372 ; *Jewish Week*, 17 septembre 1999 ; *New York Times*, 5 mars 1997.

Ces dernières années, l'expression « survivant de l'Holocauste » a été redéfinie pour désigner non seulement ceux qui ont souffert dans les camps mais aussi ceux qui sont parvenus à s'en échapper. Ainsi se trouvent inclus dans cette catégorie plus de 100 000 Juifs polonais ayant trouvé refuge en Union soviétique après l'invasion de la Pologne par les nazis. Pourtant, observe l'historien Leonard Dinnerstein, « ceux qui ont vécu en Russie n'ont pas été traités autrement que les citoyens du pays » alors que « les survivants des camps de concentration ressemblaient à des morts vivants[5] ». Sur un site web, un participant affirmait être un survivant de l'Holocauste bien qu'il ait passé la guerre à Tel Aviv, parce que sa grand-mère était morte à Auschwitz. On a vu que pour Israel Gutman, Wilkomirski est un survivant de l'Holocauste car « sa douleur est authentique ». Le bureau du Premier ministre israélien a récemment livré un chiffre de près d'un million de survivants de l'Holocauste. Le principal motif de cette inflation est simple : il n'est pas facile de faire valoir de nouvelles demandes de réparations massives si les survivants ne sont qu'une poignée.

Les principaux complices de Wilkomirski étaient liés à divers degrés aux réseaux des réparations. Son amie d'enfance d'Auschwitz, « la petite Laura », touchait de l'argent d'un fonds suisse pour l'Holocauste, bien que, née en Amérique, elle soit une adepte de cultes sataniques. Les défenseurs israéliens de Wilkomirski étaient actifs dans – ou financièrement soutenus par – les organisations impliquées dans les réparations[6].

---

5. Leonard Dinnerstein, *America and the Survivors of the Holocaust*, New York, 1982, p. 24. Cette citation laconique ne doit pas faire oublier qu'à la suite du pacte germano-soviétique en septembre 1939, la Pologne a été divisée entre l'Allemagne et l'Union soviétique. Quant aux Juifs de la partie devenue allemande qui ont fui vers la partie devenue russe, ils n'ont été traités « comme des citoyens du pays » que lorsqu'ils ont accepté la citoyenneté soviétique (N.d.T.).

6. Daniel Ganzfried, « Binjamin Wilkomirski und die verwandelte Polin » in *Weltwoche*, 4 novembre 1999.

La question des réparations est un moyen unique pour comprendre le fonctionnement de l'industrie de l'Holocauste. Comme on l'a vu plus haut, l'Allemagne, alignée sur les États-Unis dans la guerre froide, fut vite réhabilitée et l'holocauste nazi rapidement oublié. Pourtant, au début des années 1950, la République fédérale, après négociations avec des institutions juives, signa des accords pour l'indemnisation des victimes. Sans guère de pressions extérieures, elle a versé à l'heure actuelle quelque 60 milliards de dollars.

Comparons avec l'attitude des États-Unis. Quatre à cinq millions d'hommes, de femmes et d'enfants sont morts au cours des guerres menées par l'Amérique en Indochine. Après le retrait de l'armée américaine, le Vietnam avait désespérément besoin d'être aidé. « Dans le sud, la guerre avait détruit 9 000 villages sur 15 000, 25 millions d'acres (10 millions d'hectares) de terres cultivables, 12 millions d'acres (4,8 millions d'hectares) de forêts, et 1,5 million de têtes de bétail. On comptait environ 200 000 prostituées, 879 000 orphelins, 181 000 handicapés et un million de veuves. Dans le nord, les six grandes villes industrielles avaient été durement touchées, ainsi que les capitales de provinces et de districts, et 4 000 des 5 800 communes agricoles. » Refusant de payer la moindre réparation, le président Carter expliqua que « la destruction était réciproque ». Le secrétaire d'État du président Clinton, William Cohen, déclarant qu'il ne voyait « aucunement » la nécessité d'exprimer « des excuses pour le fait de la guerre », allait dans le même sens : « Les deux pays ont été blessés. Ils ont leurs cicatrices de guerre. Nous avons assurément les nôtres[7]. »

Pour indemniser les victimes, le gouvernement allemand avait signé trois accords en 1952. Ceux qui fai-

---

7. Marilyn B. Young, *The Vietnam Wars*, New York, 1991, pp. 301-302. « Cohen : US Not Sorry for Vietnam War » in *Associated Press*, 11 mars 2000.

saient une demande à titre individuel recevaient de l'argent selon les termes de la Loi d'indemnisation (*Bundesentschädigungsgesetz*). Un accord séparé avec Israël était destiné à financer l'installation et l'intégration de centaines de milliers de réfugiés juifs. Parallèlement, le gouvernement allemand avait négocié un arrangement financier avec la Conference on Jewish Material Claims Against Germany (Conférence sur les réclamations matérielles des Juifs à l'encontre de l'Allemagne, ci-après Claims Conference), sous la bannière de laquelle on trouvait regroupées toutes les grandes organisations juives américaines, l'American Jewish Committee, l'American Jewish Congress, Bnai Brith, le Joint Distribution Committee et d'autres. Cette Claims Conference était chargée de répartir l'argent – 10 millions de dollars par an pendant douze ans, soit environ un milliard de dollars en valeur actuelle – entre les victimes juives des persécutions nazies qui s'étaient égarées dans les méandres du processus des réparations[8]. Ma mère en faisait partie. Survivante du ghetto de Varsovie, du camp de concentration de Maidanek et des camps de travail concentrationnaire de Czestochowa et de Skarszysko-Kamiena, elle n'avait touché que 3 500 dollars d'indemnités du gouvernement allemand. D'autres victimes juives (sans compter certaines personnes qui n'étaient pas des victimes) perçurent des pensions à vie pouvant atteindre pour finir des centaines de milliers de dollars.

Dans l'accord avec la Claims Conference, le gouvernement allemand avait voulu faire entendre explicitement que l'argent était rigoureusement réservé aux survivants juifs – définis de façon stricte – qui n'avaient pas été convenablement indemnisés par les

---

8. Pour le contexte, voir en particulier Nana Sagi, *German Reparations*, New York, 1986, et Ronald W. Zweig, *German Reparations and the Jewish World*, Boulder, 1987. Ces deux ouvrages sont des histoires officielles publiées sous l'égide de la Claims Conference.

institutions allemandes. La Conference exprima son indignation de voir sa bonne foi mise en doute. Après la signature de l'accord, elle publia un communiqué de presse soulignant que l'argent serait utilisé pour « les Juifs persécutés par le régime nazi, pour lesquels la législation existante ou en cours d'élaboration ne permet pas de trouver de solution ». L'accord final chargeait la Conference d'utiliser l'argent pour « soulager, remettre sur pied et réinsérer les victimes juives ».

La Claims Conference ne tarda pas à violer cet accord. En rupture flagrante avec sa lettre et son esprit, elle décida que l'argent serait consacré à aider non pas les victimes juives mais les *communautés* juives. Un principe de base de la Conference interdisait l'utilisation de l'argent « pour des versements directs à titre individuel ». Comme on n'est jamais mieux servi que par soi-même, la Conference ménagea des exceptions pour deux catégories de victimes : les rabbins et les « dirigeants juifs de premier plan », qui touchèrent de l'argent à titre personnel. Les organisations fondatrices de la Conference consacrèrent l'essentiel des sommes perçues à financer divers projets. Si quelque avantage put échoir à de véritables victimes, ce fut de façon indirecte ou par le fait du hasard[9]. Des sommes importantes furent versées par des voies détournées à des communautés juives du monde arabe, et d'autres servirent à faciliter l'émigration juive d'Europe de l'Est[10]. L'argent fut égale-

---

9. En réponse à une question du député allemand Martin Hohmann (CDU), le gouvernement allemand a reconnu (avec beaucoup de circonlocutions) que 15% seulement de l'argent versé à la Claims Conference a réellement bénéficié à des victimes juives des persécutions nazies (communication personnelle, 23 février 2000).

10. Dans son histoire officielle, Ronald Zweig reconnaît explicitement que la Claims Conference n'a pas respecté les termes de l'accord : « L'apport des fonds de la Conference a permis au Joint [Distribution Committee] de poursuivre des programmes en Europe, qu'il aurait été obligé d'interrompre faute d'argent, et d'en entreprendre d'autres qu'il n'aurait pas pu envisager. Mais à la suite des paiements des réparations, le changement le plus important dans le budget du JDC a été la distribution d'argent dans les pays musulmans, où l'activité du JDC a augmenté de 68 pour cent pendant les trois premières années des versements effectués par la Confe-

ment utilisé pour financer des entreprises culturelles comme des musées de l'Holocauste, des chaires universitaires sur le sujet, ou une opération à grand spectacle montée par Yad Vashem, consistant à verser une pension à des *Justes**.

Plus récemment, la Claims Conference a cherché à s'approprier des biens dénationalisés en ex-Allemagne de l'Est, d'une valeur totale de plusieurs centaines de millions de dollars, appartenant de droit aux héritiers vivants. Comme certains Juifs ainsi spoliés s'en prenaient à la Conference, le rabbin Arthur Hertzberg renvoya les deux parties dos à dos, disant avec mépris que « ce n'est pas une question de justice, c'est une lutte pour de l'argent[11]. » Quand les Allemands ou les Suisses refusent de payer les réparations, l'indignation affichée par les organisations juives américaines monte jusqu'aux cieux. Mais quand les élites juives volent des survivants juifs, ce n'est pas une question d'éthique, mais seulement une affaire d'argent.

Si ma mère n'a touché que 3 500 dollars d'indemnisation, certains autres, impliqués dans le processus des réparations, s'en sont bien sortis. Le salaire annuel de Saul Kagan, depuis longtemps secrétaire exécutif de la Conference, est, dit-on, de 105 000 dol-

---

rence. Malgré les restrictions formelles sur l'utilisation des fonds, contenues dans l'accord avec l'Allemagne, l'argent a été utilisé là où les besoins étaient les plus pressants. Moses Leavitt (cadre supérieur de la Conference) [...] notait que : "Notre budget était fondé sur les priorités des besoins, en Israël et au dehors, pays musulmans compris. [...] Nous avons considéré les fonds de la Conference comme une partie d'un fonds général dont nous disposions pour les besoins juifs les plus pressants dans le domaine dont nous étions responsables, celui des premières priorités". » (*German Reparations*, p. 74)

* Les *Justes* sont les non-Juifs qui ont aidé les Juifs pendant les persécutions nazies (N.d.T.).

11. Voir entre autres Lorraine Adams, « The Reckoning » in *Washington Post Magazine*, 20 avril 1997 ; Netty C. Gross, « The Old Boys Club » and « After Years of Stonewalling, the Claims Conference Changes Policy » in *Jerusalem Report*, 15 mai et 16 août 1997 ; Rebecca Spence, « Holocaust Insurance Team Racking Up Millions in Expenses as Survivors Wait » in *Forward*, 30 juillet 1999 ; Verena Dobnik, « Oscar Hammerstein's Cousin Sues German Bank Over Holocaust Assets », in *AP Online*, 20 novembre 1998 (Hertzberg).

lars. En dehors de ses fonctions à la Conference, Kagan a été inculpé pour trente-trois cas de détournement délibéré de fonds et de crédits, alors qu'il se trouvait à la tête d'une banque new-yorkaise (inculpation qui ne fut abandonnée qu'après de multiples appels). D'Amato, ex-sénateur de New York, sert d'intermédiaire dans les procès intentés par l'industrie de l'Holocauste contre les banques allemandes et autrichiennes, pour un tarif horaire de 350 dollars plus les frais. Au cours des six premiers mois de ce travail, il a encaissé 103 000 dollars. Élie Wiesel a publiquement fait l'éloge de D'Amato pour sa « sensibilité à la souffrance des Juifs ». Lawrence Eagleburger, qui fut secrétaire d'État du président Bush, perçoit un salaire annuel de 300 000 dollars comme président de l'International Commission on Holocaust-Era Insurance Claims (Commission internationale sur les réclamations en matière d'assurances, sur la période de l'Holocauste). « Quel que soit son salaire – estimait Elan Steinberg, du World Jewish Congress – c'est une excellente affaire. » Kagan touche en douze jours, Eagleburger en quatre jours et D'Amato en dix heures ce que ma mère a perçu pour avoir souffert des persécutions nazies pendant six ans[12].

La palme du courtier de l'Holocauste le plus entreprenant revient sans nul doute à Kenneth Bialkin. Pendant des dizaines d'années leader juif de premier plan, directeur de l'ADL, à la tête de la Conférence des présidents des principales organisations juives américaines, il représente actuellement les assurances Generali *contre* la Commission Eagleburger, pour des honoraires, dit-on, « très élevés[13] ».

---

12. Greg B. Smith, « Federal Judge OKs Holocaust Accord », in *Daily News*, 7 janvier 2000. Janny Scott, « Jews Tell of Holocaust Deposits », in *New York Times*, 17 octobre 1996. Saul Kagan a relu une première version de cette partie sur la Claims Conference. La version finale intègre toutes ses corrections factuelles.

13. Elli Wohlgelernter, « Lawyers and the Holocaust » in *Jerusalem Post*, 6 juillet 1999.

Ces dernières années, l'industrie de l'Holocauste est devenue un racket pratiquant ouvertement l'extorsion de fonds. Prétendant parler au nom de tous les Juifs du monde, elle présente dans toute l'Europe des réclamations concernant les biens juifs de l'époque de l'Holocauste. Habilement qualifiée de « dernier chapitre de l'Holocauste », cette double extorsion, à l'encontre des pays européens comme des ayants droit juifs légitimes, a commencé par frapper la Suisse. Après avoir résumé les allégations contre les Suisses, je montrerai que non seulement la plupart des accusations sont trafiquées, mais qu'elles s'appliqueraient mieux à ceux qui les formulent qu'à ceux qui sont visés.

En mai 1995, lors de la commémoration du cinquantième anniversaire de la Seconde Guerre mondiale, le président de la Confédération présenta les excuses officielles de la Suisse pour avoir refusé asile aux Juifs pendant l'holocauste nazi[14]. Au même moment, la discussion reprit sur un sujet depuis longtemps brûlant, celui des biens juifs déposés dans les banques suisses avant et pendant la guerre. Dans un article qui eut un grand retentissement, un journaliste israélien fit état d'un document – lu de travers, comme la suite allait le montrer – prouvant que les banques suisses détenaient toujours des comptes juifs du temps de l'Holocauste, pour des milliards de dollars[15].

Le Congrès juif mondial, organisation moribonde avant sa campagne sur le passé de criminel de guerre du président autrichien Kurt Waldheim, sauta sur

14. Sur le contexte de cette partie, voir Tom Bower, *Nazi Gold*, New York, 1998 ; Itamar Levin, *The Last Deposit,* Westport, Conn., 1999 ; Gregg J. Rickman, *Swiss Banks and Jewish Souls*, New Brunswick, N.J., 1999 ; Isabel Vincent, *Hitler's Silent Partners*, New York, 1997 ; Jean Ziegler, *The Swiss, the Gold and the Dead*, New York, 1997. Bien que très anti-Suisse, ces livres contiennent beaucoup d'informations intéressantes.

15. Levin, *Last Deposit, op. cit.*, chap. 6-7. En ce qui concerne l'erreur de lecture (bien qu'il n'en fasse pas mention, Levin en était l'auteur), voir Hans J. Halbheer, « To Our American Friends » in *American Swiss Foundation Occasional Papers* (s.d.).

cette occasion de se refaire une santé. Il n'était pas difficile de comprendre que la Suisse serait une proie facile. On ne trouverait pas grand monde pour soutenir les riches banquiers suisses contre « les survivants de l'Holocauste dans le besoin ». Plus important encore, les banques suisses étaient hautement vulnérables aux pressions économiques des États-Unis[16].

À la fin de 1995, Edgar Bronfman – président du Congrès juif mondial (WJC) et fils d'un officiel de la Claims Conference – et le rabbin Israel Singer – secrétaire général du WJC et magnat de l'immobilier – rencontrèrent les banquiers suisses[17]. Bronfman, héritier Seagram (sa fortune personnelle est estimée à trois milliards de dollars), allait plus tard informer modestement la Commission bancaire du Sénat américain (Committee on Banking, Housing and Urban Affairs) qu'il parlait « au nom du peuple juif » comme des « six millions qui ne peuvent plus s'exprimer par eux-mêmes[18]. » Les banquiers suisses déclarèrent qu'ils ne pouvaient localiser que 77 comptes dormants non réclamés, pour un montant total de 32 millions de dollars. Ils proposèrent cette somme comme base de négociations au WJC, qui la refusa, la trouvant insuffisante. En décembre 1995, Bronfman fit équipe avec le sénateur D'Amato. Au plus bas dans les sondages,

16. En activité aux États-Unis, on trouvait treize branches de six banques suisses. En 1994, les banques suisses avaient prêté 38 milliards de dollars en Amérique, et mis en place des centaines de milliards de dollars en investissements pour leurs clients.

17. En 1992, le WJC avait fabriqué une nouvelle organisation, la World Jewish Restitution Organization (WJRO), qui prétendait à régir juridiquement les biens des survivants de l'Holocauste, qu'ils soient ou non encore en vie. Dirigée par Bronfman, la WJRO rassemble les principales organisations juives sur le modèle de la Jewish Claims Conference.

18. Auditions devant le Committee on Banking, Housing and Urban Affairs, United States Senate, 23 avril 1996. Bronfman défend les intérêts juifs de façon très sélective. Il est étroitement associé aux affaires du magnat allemand des médias Leo Kirch, dont les convictions de droite se sont exprimées récemment quand il a voulu licencier un journaliste, coupable d'avoir approuvé un arrêt de la Cour suprême bannissant les crucifix des écoles publiques (www.Seagram.com/company-info/history/main.html ; Oliver Gehrs, « Einfluss aus der Dose », in *Tagespiegel*, 2 septembre 1995).

avec des élections sénatoriales à l'horizon, D'Amato avait saisi cette occasion d'améliorer son image auprès de la communauté juive, essentielle par ses bulletins de vote et ses contributions financières. À ce moment où les Suisses n'étaient pas encore à genoux, le WJC, travaillant avec toute la gamme des institutions de l'Holocauste – y compris le US Holocaust Memorial Museum et le Simon Wiesenthal Center – mobilisa toute la classe politique américaine. Depuis le président Clinton, enterrant pour la circonstance la hache de guerre avec D'Amato (les auditions pour l'affaire Whitewater étaient encore en cours), depuis onze agences fédérales, depuis la Chambre et le Sénat, jusqu'à des organismes de pouvoir locaux disséminés dans tous le pays, des pressions bipartisanes s'exercèrent, les officiels s'exprimèrent l'un après l'autre, tout convergea pour dénoncer la perfidie des Suisses.

Utilisant comme tremplin les Commissions bancaires de la Chambre des représentants et du Sénat, l'industrie de l'Holocauste orchestra une campagne de calomnies éhontée. Relayée par une presse infiniment servile et crédule, prête à consacrer ses gros titres à toute affaire liée à l'Holocauste, cette campagne était impossible à arrêter. Dans son récit des événements, Gregg Richman, le principal assistant de D'Amato, se vante de ce que les banquiers suisses furent traînés « devant le tribunal de l'opinion publique où nous contrôlions les opérations. Les banquiers étaient sur notre terrain et, ce qui rendait les choses aisées, nous étions à la fois juge, jury et exécuteurs des hautes œuvres ». Tom Bower, l'un des principaux chercheurs impliqué dans la campagne anti-suisse, qualifie l'audition des témoins par D'Amato d'« euphémisme pour procès public ou tribunal bidon (*kangaroo court*)[19] ».

---

19. Rickman, *Swiss Banks*, *op. cit.*, pp. 50-51 ; Bower, *Nazi Gold*, *op. cit.*, pp. 299-300.

Le portevoix de l'armada anti-helvétique était le directeur exécutif du WJC, Elan Steinberg. Sa principale fonction était la désinformation. Selon Bower, « il terrorisait les gens au moyen de la honte, en éructant un chapelet d'accusations calculées pour susciter le malaise et le choc. Les rapports de l'OSS*, souvent fondés sur des rumeurs et des sources non vérifiées, et que les historiens considèrent depuis longtemps comme sans valeur, devenaient soudain des documents parfaitement crédibles et dignes de la plus large publicité ». De son côté, le rabbin Singer expliquait : « La dernière des choses que souhaitent les banques, c'est la publicité négative. Nous allons continuer jusqu'à ce que les banques disent : Assez ! nous voulons un compromis. » Pour attirer lui aussi l'attention du public, le rabbin Marvin Hier, doyen du Simon Wiesenthal Center, avança une accusation spectaculaire selon laquelle les Suisses auraient interné des réfugiés juifs dans des camps de travail forcé. (Sa femme et son fils faisant partie des salariés, Hier mène le Simon Wiesenthal Center comme une affaire de famille ; les Hier ont perçu à eux trois 520 000 dollars en 1995. Le Centre est célèbre pour ses expositions de type « Dachau-Disneyland » et « l'utilisation efficace du terrifiant et du sensationnel comme tactique de collecte de fonds ».) Et Itamar Levin conclut : « À la lumière de ce tir de barrage des médias, mêlant le vrai et le douteux, les faits et la fiction, on comprend bien pourquoi beaucoup de Suisses pensent que leur pays est victime de quelque conspiration international[20]. »

* OSS : Office of Strategic Services, branche des services de renseignement américains (N.d.T.).

20. Bower, *Nazi Gold*, *op. cit.*, pp. 295 (« portevoix »), 306-307, 319. Alan Morris Schom, « The Unwanted Guests, Swiss Forced Labor Camps, 1940-1944 », rapport préparé pour le Simon Wiesenthal Center, janvier 1988. (Schom explique qu'il s'agissait en réalité de « camps de travail concentrationnaire » [*slave-labor camps*].) Levin, *Last Deposit*, *op. cit.*, pp. 158, 188. Pour une vision sobre des camps de réfugiés suisses, voir Ken Newman (sous la dir. de), *Swiss Wartime Work Camps : A Collection of Eyewitness Testimonies, 1940-1945*, Zurich, 1999 et International

Rapidement, la campagne dégénéra en diffamation du peuple suisse. Bower, dans une étude commandée par le bureau de D'Amato et le Simon Wiesenthal Center, explique de manière typique qu'« un pays dont les citoyens [...] se vantaient de leur richesse auprès de leurs voisins, avait consciemment profité de l'argent du sang » ; que « les citoyens apparemment respectables de la nation la plus pacifique du monde [...] avaient commis un larcin sans précédent » ; que « la malhonnêteté était un code culturel que chaque Suisse maîtrisait pour protéger l'image et la prospérité de la nation » ; que « les Suisses étaient instinctivement attirés par les gros profits » (les Suisses seulement ?) ; que « l'égoïsme était le guide suprême de toutes les banques suisses » (des banques suisses seulement ?) ; qu'« en Suisse, la petite engeance des banquiers était devenue plus âpre au gain et plus immorale qu'ailleurs » ; que « la dissimulation et la tromperie étaient les arts favoris des diplomates suisses » (des diplomates suisses seulement ?) ; que « les excuses et les rectifications n'étaient pas fréquentes dans la tradition politique suisse » (et dans la nôtre) ; que « l'avidité suisse était unique » ; que « le caractère suisse » associait « simplicité et duplicité » ; que « derrière une civilité apparente se cachait une couche d'obstination et, plus profondément, une solide incompréhension égocentrique de l'opinion de l'autre » ; que les Suisses n'étaient « pas seulement un peuple particulièrement dénué de charme, qui n'avait produit aucun artiste, aucun héros depuis Guillaume Tell, aucun homme d'État, mais qu'ils étaient de plus de malhonnêtes collaborateurs des nazis qui avaient

Commission of Experts, Switzerland – Second World War, *Switzerland and Refugees in the Nazi Era*, Berne, 1999, chap. 4.4.4. Saidel, *Never Too Late*, *op. cit.*, pp. 222-223 (« Dachau », « sensationnel »). Yossi Klein Halevi, « Who Owns the Memory ? » in *Jerusalem Report*, 25 février 1993. Wiesenthal loue l'usage de son nom au Centre pour 90 000 dollars par an.

profité du génocide », et ainsi de suite. Rickman insiste sur une « profonde vérité » concernant les Suisses : « Au plus profond d'eux-mêmes, plus profond peut-être qu'ils le pensent, on trouve dans leur tempérament une arrogance latente à l'égard des autres. Quels que soient leurs efforts, ils ne peuvent masquer ce qu'on leur a appris[21]. » Beaucoup de ces insultes ressemblent étonnamment à celles des antisémites contre les Juifs.

L'accusation principale était, pour reprendre le sous-titre de Bower, « cinquante ans de conspiration hélvéto-nazie pour voler des milliards aux Juifs d'Europe et aux survivants de l'Holocauste ». Selon une formule qui a fini par devenir un leitmotiv du racket des réparations de l'Holocauste, c'était là « le vol le plus important de l'histoire de l'humanité ». Pour l'industrie de l'Holocauste, tout ce qui a trait aux Juifs appartient à une catégorie à part, superlative : le pire, le plus grand...

L'industrie de l'Holocauste commença par alléguer que les banques suisses avaient systématiquement refusé aux héritiers légitimes des victimes l'accès aux comptes dormants, dont la valeur était estimée entre 7 et 20 milliards de dollars. Le magazine *Time,* dans une enquête annoncée à la une du numéro, relatait qu'« au cours des cinquante dernières années », une « directive constante » (*standing order*) des banques suisses « a été de bloquer, d'enterrer les demandes des survivants de l'Holocauste concernant les comptes de leurs parents morts ». Rappelant la législation sur le secret bancaire mise en place en Suisse en 1934, en partie pour éviter que les nazis puissent s'en prendre aux déposants juifs, D'Amato s'exprimait devant le House Banking Committee en ces termes : « N'est-il

---

21. Bower, *Nazi Gold, op. cit.*, pp. XI, XV, 8, 9, 42, 44, 56, 84, 100, 150, 219, 304. Rickman, *Swiss Banks, op. cit.*, p. 219.

pas curieux que le système même qui a encouragé les gens à venir et à ouvrir des comptes, le secret, ait été utilisé pour refuser à ces mêmes gens et à leurs héritiers leur patrimoine, leur droit ? Ce système a été perverti, déformé, tordu. »

Tout excité, Bower raconte la découverte d'un document clef prouvant la perfidie des Suisses à l'encontre des victimes de l'Holocauste : « La chance et les efforts permirent de mettre la main sur une affaire très importante qui confirmait la validité de la plainte de Bronfman. Un rapport des services secrets suisses, daté de juillet 1945, établissait que Jacques Salmanovitz, propriétaire de la Société Générale de Surveillance, une étude notariale de Genève ayant des liens dans les Balkans, possédait une liste de 182 clients juifs qui avaient déposé 8,4 millions de francs suisses chez le notaire à leur arrivée des Balkans. Le rapport ajoutait que les Juifs n'avaient pas encore réclamé leurs biens. Rickman et D'Amato étaient en extase. » Rickman brandit lui aussi cette « preuve de la criminalité suisse ». Ni l'un ni l'autre ne mentionne, dans ce contexte particulier, que Salmanovitz était juif (je discuterai plus loin de la validité de ces allégations)[22].

À la fin de 1996, une cohorte composée de femmes juives âgées – et d'un homme – vint apporter devant les commissions bancaires du Congrès des témoignages émouvants sur les méfaits des banques suisses. Mais, selon Itamar Levin, éditorialiste du principal journal financier israélien, pratiquement aucun de ces témoins « n'apportait réellement la preuve qu'il avait bien un compte en Suisse ». Pour accentuer l'effet théâtral, D'Amato appela Wiesel comme témoin. Dans sa déposition, largement citée

---

22. Thomas Sancton, « A Painful History », in *Time*, 24 février 1997. Auditions devant le Committee on Banking and Financial Services, House of Representatives, 25 juin 1997. Bower, *Nazi Gold*, *op. cit.*, pp. 301-302. Rickman, *Swiss Banks*, *op. cit.*, p. 48. Levin ne mentionne pas non plus le fait que Salmanovitz était juif.

par la suite, Wiesel exprima le choc – le choc ! – qu'il avait ressenti devant la révélation que les bourreaux de l'Holocauste avaient dépouillé les Juifs avant de les tuer : « Au début nous pensions que la Solution finale avait pour seule motivation une idéologie empoisonnée. Maintenant nous savons qu'ils n'avaient pas seulement pour but de tuer les Juifs, si horrible que ce soit : ils voulaient aussi l'argent juif. Chaque jour nous en apprend davantage sur cette tragédie. N'y a t-il aucune limite à la douleur ? aucune limite à l'outrage ? » Bien entendu, le pillage des Juifs par les Nazis n'était en rien une nouveauté ; une bonne part de l'étude fondatrice de Raul Hilberg, *La Destruction des Juifs d'Europe*, publiée en 1961, est consacrée à la spoliation des Juifs[23].

Un autre grief consistait à accuser les banquiers suisses de s'être approprié les dépôts des victimes de l'Holocauste et d'avoir détruit les documents pour effacer les traces de leurs abominables méfaits, dont seuls les Juifs étaient la cible. Lors d'une audition, le sénateur Barbara Boxer attaquait ainsi les Suisses : « Cette commission n'acceptera pas la duplicité des banques suisses. Ne dites pas au monde entier que vous cherchez, alors que vous ne faites que broyer [des documents][24]. »

Hélas, la « valeur de propagande » (Bower) de ces vieux plaignants juifs venus témoigner de la perfidie suisse finit par s'épuiser d'elle-même. L'industrie de l'Holocauste se mit donc en quête d'un nouveau thème. La frénésie des médias se focalisa sur l'achat par les Suisses d'or pillé par les nazis dans les Trésors centraux européens. Présenté comme une

23. Levin, *Last Deposit*, *op. cit.*, p. 60. Auditions devant le Committee on Banking and Financial Services, House of Representatives, 11 décembre 1996 (citant le témoignage de Wiesel du 16 octobre 1996). Raul Hilberg, *The Destruction*, *op. cit.*, chap. 5.
24. Auditions devant le Committee on Banking, Housing, and Urban Affairs, United States Senate, 6 mai 1997.

stupéfiante révélation, il s'agissait d'un fait bien connu. Arthur Smith, auteur d'un livre faisant autorité sur le sujet, déclara lors d'une audition devant la Chambre des représentants : « Ce matin et cet après-midi j'ai entendu des choses qui dans l'ensemble sont connues depuis des années ; et je suis surpris que ce soit présenté en grande partie comme nouveau et sensationnel. » C'est que le but des auditions n'était pas d'informer mais, selon les termes de la journaliste Isabel Vincent, « de créer des histoires à sensation ». En remuant suffisamment de boue, on pensait à juste titre que les Suisses finiraient par céder[25].

La seule accusation vraiment nouvelle était que les Suisses avaient sciemment fait du trafic avec « l'or des victimes ». C'est-à-dire qu'ils avaient acheté de grandes quantités d'or que les nazis avaient fondu en lingots, mais qui provenait de vols commis sur les victimes des camps de concentration et d'extermination. Bower indique que le WJC « avait besoin d'un sujet émotionnel pour faire le lien entre l'Holocauste et la Suisse ». Cette nouvelle révélation de la traîtrise des Suisses fut accueillie comme un cadeau du ciel. « Peu d'images, continue Bower, sont plus insupportables que l'extraction méthodique de l'or dentaire de la bouche des cadavres juifs sortant des chambres à gaz. » Et D'Amato, lors d'une audition devant la Chambre des représentants, entonnait sur un ton funèbre : « Les faits sont très, très bouleversants, car ce dont il est question, c'est qu'on a pris, qu'on a arraché les biens des foyers, des

---

25. Auditions devant le Committee on Banking and Financial Services, House of Representatives, 11 décembre 1996. Smith s'était plaint devant la presse de ce que des documents déterrés par lui depuis longtemps étaient vendus par D'Amato comme des découvertes récentes. Rickman qui, grâce au US Holocaust Museum, avait mis en place une énorme équipe de chercheurs pour préparer les auditions devant le Congrès, se défendit de façon curieuse : « J'étais au courant du livre de Smith, mais je me suis fait un devoir de ne pas le lire, pour ne pas être accusé d'utiliser "ses" documents. » (p. 113). Vincent, *Silent Partners*, *op. cit.*, p. 240.

banques nationales, des camps de la mort, montres en or, bracelets, montures de lunettes et jusqu'aux dents dans la bouche des morts[26]. »

Les Suisses étaient en outre accusés d'avoir conspiré avec la Pologne et la Hongrie pour spolier les Juifs : les comptes non réclamés appartenant à des sujets polonais ou hongrois (dont beaucoup, mais pas tous, étaient juifs) auraient été saisis par la Suisse, en compensation de biens suisses nationalisés par les gouvernements de ces pays. Rickman en faisait « une révélation stupéfiante, qui [allait] envoyer les Suisses au tapis et déclencher une tempête ». Il s'agissait pourtant de faits bien connus, rapportés par les publications juridiques américaines dès le début des années 1950. Et malgré l'extravagante publicité donnée à l'affaire par les médias, la somme totale en jeu ne dépassait pas un million de dollars en valeur actuelle[27].

Avant même les premières auditions sénatoriales sur les comptes dormants en avril 1996, les banques suisses avaient donné leur accord pour mettre en place une commission d'enquête, et pour se plier à ses conclusions. Composée de six membres – trois de la World Jewish Restitution Organization et trois de l'Association des banques suisses, avec pour président Paul Volcker, ancien président de la Federal Reserve Bank – la « Commission indépendante composée de personnes éminentes » fut officiellement mise en place en mai 1996, par un « mémorandum d'accord » (*Memorandum of Understanding*). De plus, le gouvernement helvétique forma en 1996 une

26. Bower, *Nazi Gold*, *op. cit.*, p. 307. Auditions devant le Committe on Banking and Financial Services, 25 juin 1997.

27. Rickman, *Swiss Banks*, *op. cit.*, p. 77. Pour le point définitif sur cette affaire, voir Peter Hug et Marc Perrenoud, *Assets in Switzerland of Victims of Nazism and the Compensation Agreements with East Bloc Countries*, Berne, 1997. Pour la discussion aux États-Unis, voir Seymour J. Rubin et Abba P. Schwartz, « Refugees and Reparations » in *Law and Contemporary Problems*, Duke University School of Law, 1951, p. 283.

« Commission indépendante d'experts », présidée par le professeur suisse Jean-François Bergier et comprenant l'éminent historien israélien de l'holocauste nazi, Saul Friedländer, pour enquêter sur le commerce de l'or entre la Suisse et l'Allemagne pendant la Seconde Guerre mondiale.

Avant que ces organismes aient pu commencer à travailler, l'industrie de l'Holocauste fit pression pour conclure l'accord financier avec la Suisse. Les Suisses protestèrent, disant qu'il fallait naturellement attendre les rapports des commissions, faute de quoi il s'agirait d'« extorsion et de chantage ». Exhibant alors son atout toujours gagnant, le WJC fit part de son angoisse devant la détresse des « survivants de l'Holocauste dans le besoin ». « Mon problème, c'est le temps qui passe » expliquait Bronfman devant le House Banking Committee en décembre 1996, « et j'ai tous ces survivants de l'Holocauste qui me causent tant de souci ». On peut se demander pourquoi ce milliardaire n'a pas calmé son angoisse en aidant lui-même temporairement ces survivants en détresse. Repoussant une offre faite par les Suisses d'un montant de 250 millions de dollars, Bronfman répondit avec mépris : « Pas d'aumône. Je fournirai l'argent moi-même. » Ce qu'il se garda de faire. En février 1997, la Suisse accepta de créer un « Fonds spécial pour les victimes de l'Holocauste dans le besoin », doté de 200 millions de dollars, et destiné à soutenir provisoirement « les personnes ayant besoin d'aide ou d'assistance particulière », en attendant que les commissions aient fini leur travail (ce fonds n'était pas épuisé quand les commissions Bergier et Volcker remirent leurs rapports). La pression de l'industrie de l'Holocauste pour conclure l'accord sans tarder ne faiblit pas pour autant, bien au contraire. Les appels répétés des Suisses à attendre les conclusions des commissions – c'était après tout le WJC qui avait proposé au départ ce tribunal moral – tombaient dans l'oreille de sourds. C'est qu'en réalité ces conclusions ne pouvaient que nuire à l'industrie de l'Holocauste : si en fin de compte il apparaissait que seul un nombre restreint de demandes était légitime, l'attaque contre les banques suisses perdrait toute crédibilité ; et si les ayants droit légitimes étaient identifiés, même en grand nombre, les Suisses ne dédommageraient que ceux-là et non les organisations juives. Un autre leitmotiv de l'industrie de l'Holocauste était que la compensation était « une affaire de justice et de vérité, et non d'argent ». À quoi les plaisantins suisses répondaient : « Ce n'est pas pour de l'argent, c'est pour plus d'argent[28]. »

Outre ses efforts pour exciter l'hystérie publique, l'industrie de l'Holocauste mit au point une stratégie à deux coups pour « terroriser » (Bower) les Suisses et les contraindre à céder : elle consistait à intenter des procès où l'industrie de l'Holocauste parlerait au nom de groupes de plaignants (*class-action lawsuit**) et à organiser un boycott économique. Le premier procès fut intenté au début d'octobre 1996, par Edward Fagan et Robert Swift, représentant Gizella Weisshaus (son père, mort à Auschwitz, avait fait mention de sommes déposées en Suisse mais les banques avaient rejeté les demandes de recherches après la guerre) « et d'autres personnes dans la même situation ». La somme réclamée était de 20 milliards

---

28. Levin, *Last Deposit*, *op. cit.*, pp. 93, 186. Auditions devant le Committee on Banking and Financial Services, House of Representatives, 11 décembre 1996. Rickman, *Swiss Banks*, p. 218. Bower, *Nazi Gold*, pp. 318, 323. Une semaine après avoir mis en place le Fonds spécial, le président de la Confédération helvétique, « terrifié par l'hostilité persistante des États-Unis » (Bower), annonça la création d'une Fondation de la Solidarité, dotée de 5 milliards de dollars, pour « lutter contre la pauvreté, le désespoir et la violence » globalement. Pour que cette Fondation vît le jour, il fallait un référendum national, et une opposition intérieure ne tarda pas à se manifester. Le sort de cette Fondation reste incertain.

* Aux États-Unis, une « class-action lawsuit » est un procès intenté par une personne au nom d'un groupe (N.d.T.).

de dollars. Quelques semaines plus tard, le Simon Wiesenthal Center, avec comme avocats Michael Hausfeld et Melvyn Weiss, intenta un second procès, et en janvier 1997, le World Council of Orthodox Jewish Communities en lança un troisième. Ces trois affaires furent confiées à Edward Korman, juge au tribunal de district de Brooklyn, qui considéra que les actions étaient recevables. Il y eut au moins une partie pour déplorer cette tactique, un avocat de Toronto nommé Sergio Karas : « Ces procès n'ont rien fait d'autre que provoquer une hystérie de masse et piétiner les Suisses. Ils perpétuent le mythe des avocats juifs qui ne s'intéressent qu'à l'argent. » Paul Volcker était lui aussi opposé à ce type de procès, estimant qu'ils « allaient gêner notre travail, jusqu'à le rendre inefficace » – ce qui était le cadet des soucis de l'industrie de l'Holocauste, si même ce n'était pas une motivation de plus pour continuer[29].

Mais l'arme principale pour briser la résistance des Suisses était le boycott économique. En janvier 1997, le président de l'Agence juive, Avraham Burg, en pointe du côté israélien dans l'affaire des banques suisses, menaçait : « Maintenant la bataille va devenir beaucoup plus dure. Jusqu'à présent nous avons contenu la pression juive internationale. » Le WJC avait commencé à organiser le boycott dès janvier 1996. Bronfman et Singer avaient contacté le Contrôleur général* de la ville de New York, Alan Hevesi (dont le père avait été un haut dirigeant de l'AJC) et celui de l'État de New York, Carl McCall. À eux deux, ils investissent des milliards de dollars dans des fonds de pension. Hevesi préside également l'Association des *comptrollers* américains, qui a investi 300 milliards de dollars

29. Bower, *Nazi Gold*, *op. cit.*, p. 315. Vincent, *Silent Partners*, *op. cit.*, p. 211. Rickman, *Swiss Banks*, p. 184 (Volcker).
* *Comptroller*, haut fonctionaire qui vérifie les comptes de l'État et donne son accord aux dépenses (N.d.T.).

dans de tels fonds. À la fin de janvier, Singer mit au point sa stratégie avec le gouverneur de New York, George Pataki, et avec D'Amato et Bronfman, au mariage de sa fille. « Quel homme je suis, plaisantait le rabbin, parler business au mariage de ma fille[30] ! »

En février 1996, Hevesi et McCall écrivirent aux banques suisses en les menaçant de sanctions. En octobre, le gouverneur Pataki leur apporta publiquement son appui. Au cours des mois suivants, les institutions locales et les gouverneurs des États de New York, du New Jersey, du Rhode Island et de l'Illinois présentèrent des résolutions menaçant la Suisse de boycott économique si les banques ne régularisaient pas la situation. En mai 1997, la ville de Los Angeles retira des centaines de millions de dollars de fonds de pension déposés dans une banque suisse, marquant ainsi le début des sanctions. Hevesi suivit rapidement cet exemple à New York. La Californie, le Massachussets et l'Illinois firent de même les jours suivants.

« Je veux 3 milliards de dollars au minimum, proclamait Bronfman en décembre 1997, pour tout terminer, les procès, l'enquête Volcker et le reste. » Pendant ce temps, D'Amato et les dirigeants des banques new-yorkaises cherchaient à empêcher la United Bank of Switzerland (résultat de la fusion de grandes banques suisses) d'opérer aux États-Unis. « Si les Suisses s'arc-boutent dans leur refus, je serai dans l'obligation de demander aux porteurs d'action américains de suspendre leurs transactions avec les Suisses », avertissait Bronfman en mars 1998. « On en arrive à un point où il faut que ça se résolve, sinon c'est la guerre totale. » En avril, les Suisses commencèrent à plier sous la pression, mais sans se résoudre à une reddition honteuse (on rapporte qu'ils

30. Levin, *Last Deposit*, *op. cit.*, pp. 187-188, 125.

avaient dépensé 500 millions de dollars pendant l'année 1997 pour se défendre contre les attaques de l'industrie de l'Holocauste). Melvyn Weiss, l'un des avocats, se plaignait de ce qu'« il existe un cancer virulent dans la société suisse. Nous leur avons offert la possibilité de s'en débarrasser par une dose massive de radiations, pour pas très cher, et ils ont refusé. » En juin, les banques suisses firent une « offre finale » de 600 millions de dollars. Abraham Foxman, directeur de l'ADL, choqué par *l'arrogance suisse*, ne pouvait contenir sa rage : « Cet ultimatum est une insulte à la mémoire des victimes, à leurs descendants et à tous ceux qui, dans la communauté juive, ont cherché de bonne foi à trouver avec les Suisses une solution à cette difficile question[31]. »

En juillet 1998, Hevesi et McCall émirent la menace de nouvelles sanctions plus dures. Le New Jersey, la Pennsylvanie, le Connecticut, la Floride, le Michigan et la Californie firent chorus quelques jours après. À la mi-août, les Suisses finirent par céder. Dans un accord conclu avec le juge Korman comme médiateur, ils acceptèrent de payer 1,25 milliard de dollars. Le communiqué de presse des banques suisses précisait que « le but de ce versement supplémentaire est d'éviter la menace de sanctions comme de longues et coûteuses procédures judiciaires[32]. »

Le Premier ministre israélien, Benjamin Nétanyahou, adressa des félicitations à D'Amato : « Vous avez été un vrai pionnier dans cette saga. Le résultat n'est pas seulement un succès matériel, mais une victoire morale et un triomphe de l'esprit[33]. » Encore heureux qu'il n'ait pas dit : « de la volonté* ».

---

31. Levin, *Last Deposit, op. cit.*, p. 218. Rickman, *Swiss Banks, op. cit.*, pp. 214, 223, 211.
32. Rickman, *Swiss Banks, op. cit.*, p. 231.
33. Ibid. À juste titre, Rickman a intitulé ce chapitre « Boycotts et Diktats ».
* *Le Triomphe de la volonté* est le titre d'un film de la réalisatrice Leni Riefensthal sur le congrès du parti nazi à Nuremberg en 1934 (N.d.T.).

Cet accord de 1,25 milliard de dollars avec la Suisse couvrait trois catégories : les réclamations sur les comptes dormants, les réparations aux réfugiés qui s'étaient vu refuser l'asile en Suisse et les victimes des camps de travail concentrationnaire dont les Suisses auraient pu tirer profit[34]. Quelle que soit la légitimité de l'indignation contre « la perfidie suisse », le dossier des État-Unis en la matière est à tous égards aussi mauvais, sinon pire. J'envisagerai plus loin les comptes dormants en Amérique. Mais les États-Unis, comme la Suisse, ont refusé l'asile à des réfugiés juifs fuyant le nazisme, avant et pendant la guerre. Le gouvernement américain n'a pourtant pas jugé nécessaire d'indemniser, par exemple, les réfugiés qui se trouvaient à bord du malheureux *St. Louis**. Imaginons la réaction si les milliers de réfugiés en provenance d'Amérique centrale et de Haïti, fuyant les escadrons de la mort entretenus par les États-Unis, et auxquels a été refusé l'asile sur le sol américain, demandaient à être indemnisés. Notons que malgré sa différence de taille, la Suisse a accueilli autant de réfugiés juifs que les États-Unis pendant l'holocauste nazi (environ 20 000)[35].

---

34. Pour le texte complet du « Class Action Settlement Agreement », voir : Commission indépendante composée de personnes éminentes, *Report on Dormant Accounts of Victims of Nazi Persecution in Swiss Banks*, Berne, 1999, appendice O. En plus du fonds spécial de 200 millions de dollars et du « Class-Action Settlement Agreement » de 1,25 milliard de dollars, l'industrie de l'Holocauste a carotté encore 70 millions de dollars aux États-Unis et à leurs alliés au cours de la conférence tenue à Londres en 1997 sur l'argent suisse.

* Au début de 1939, le gouvernement américain refusa l'entrée à des réfugiés juifs arrivant par un paquebot allemand, le *St Louis* (N.d.T.).

35. Sur la politique des États-Unis envers les réfugiés juifs, voir David S. Wyman, *Paper Walls*, New York, 1985, et *The Abandonment of the Jews*, New York, 1984. Sur la politique suisse, voir : Independant Commission of Experts, Switzerland – Second World War, *Switzerland and Refugees in the Nazi Era*, Berne, 1999. C'est le même ensemble de raisons – crise économique, xénophobie, antisémitisme – qui explique les quotas restrictifs en Suisse et aux États-Unis. La Commission indépendante, soulignant « l'hypocrisie des autres nations, et en particulier des États-Unis qui se sont peu souciés de libéraliser leurs lois d'immigration », est violemment critique envers l'attitude de la Suisse, tout en remarquant que sa politique envers les réfugiés « ressemblait à celle de la plupart des autres États » (pp. 42, 263). Je n'ai trouvé aucune mention de ce point dans les comptes rendus des travaux de la Commission par les médias.

Faisant la morale à la Suisse, les politiciens américains lui indiquaient que la seule façon pour expier les péchés passés était de fournir une compensation matérielle. Stuart Eizenstat, sous-secrétaire d'État au commerce, spécialement chargé par Clinton de la question des réparations, qualifiait la compensation versée aux Juifs par la Suisse de « test important de la volonté de la génération actuelle de faire face au passé et d'en réparer les torts ». L'ex-sénateur D'Amato, s'il reconnaissait que les Suisses « ne pouvaient être tenus pour responsables de ce qui s'est passé il y a des années », considérait néanmoins, au cours de la même audition sénatoriale, qu'ils « avaient le devoir de rendre des comptes et de s'attacher à faire ce qui était juste au point où on en était ». Le président Clinton appuya publiquement les demandes de compensation émises par le WJC, estimant lui aussi que « nous devons regarder en face, et faire de notre mieux pour réparer la terrible injustice du passé ». Pendant les auditions du House Banking Committee, le président de cette commission, James Leach, déclara que « l'Histoire n'admet pas la prescription » et que « le passé ne doit jamais être oublié ». Dans une lettre au secrétaire d'État, les leaders des deux partis au Congrès écrivaient que « la réponse, dans cette affaire de restitution, sera considérée comme un test du respect des droits de l'homme fondamentaux et de la légalité ». Et Madeleine Albright, dans une adresse au parlement suisse, expliquait que les bénéfices financiers que la Suisse avait tirés des comptes juifs détenus au cours de ces cinquante dernières années, « avaient été transmis aux générations suivantes, et c'est pourquoi le monde attendait du peuple suisse, non pas qu'il assume la responsabilité des actions de ses grands-parents, mais qu'il se montre généreux en faisant tout son possible, aujourd'hui, pour réparer les torts passés[36]. » Ces nobles sentiments, jamais on ne les entend exprimer – sinon pour les tourner en ridicule – quand il est question des réparations aux Afro-américains pour l'esclavage[37].

Reste à savoir comment les « survivants de l'Holocauste dans le besoin » vont pouvoir bénéficier de l'accord final. Gizella Weisshaus, la première à avoir déclenché une action judiciaire pour un compte dormant en Suisse, a rompu avec son avocat, Edward Fagan, qu'elle accusait violemment de l'exploiter. Les honoraires présentés au tribunal par Fagan s'élevaient à 4 millions de dollars. Certains avocats demandent jusqu'à quinze millions de dollars d'honoraires, beaucoup exigeant un tarif de 600 dollars

36. Auditions devant le Committee on Banking, Housing and Urban Affairs, US Senate, 15 mai 1997 (Eizenstat et D'Amato). Auditions devant le même comité, 23 avril 1996 (Bronfman citant Clinton et la lettre des leaders du Congrès). Auditions devant le Committee on Banking and Financial Services, House of Representatives, 11 décembre 1996 (Leach). Auditions devant le même comité, 25 juin 1997 (Leach). Rickman, *Swiss Banks, op. cit.*, p. 204 (Albright).

37. La seule note discordante au cours des auditions au Congrès sur les réparations de l'Holocauste provint de Maxine Waters, représentante de la Californie. Tout en affirmant son soutien « à mille pour cent » pour rendre justice à toutes les victimes de l'Holocauste, elle demanda également « comment utiliser ce procédé pour traiter du travail forcé de mes ancêtres les esclaves, ici, aux États-Unis. Il serait vraiment étrange de siéger ici [...] sans m'interroger sur ce que je pourrais faire [...] pour que le travail des esclaves soit pris en compte par les États-Unis. [...] L'idée de réparations pour la communauté afro-américaine a toujours été considérée comme extrémiste, et ceux qui ont essayé de l'amener devant le Congrès ont été littéralement ridiculisés. » Elle proposa que les agences gouvernementales impliquées dans les compensations de l'Holocauste soient également chargées de s'occuper des réparations pour le travail des esclaves en Amérique (« domestic slave labor »). James Leach, du House Banking Committee, répondit que « l'honorable parlementaire soulève un problème extraordinairement sérieux, et le président de cette commission va le prendre en considération. [...] Le sujet que vous avez soulevé plonge au plus profond de l'histoire américaine et des droits de l'homme ». Nul doute que le sujet soit aujourd'hui au plus profond d'un trou de mémoire de la Commission. (Auditions devant le Committee on Banking and Financial Services, House of Representatives, 9 février 2000.) Randall Robinson, qui mène actuellement une campagne pour le versement de réparations pour l'esclavage afro-américain, met en parallèle le « silence » du gouvernement sur cette spoliation « alors que le sous-secrétaire d'État, Stuart Eizenstat, a obtenu que seize firmes allemandes versent des compensations aux travailleurs concentrationnaires juifs pendant le nazisme ». (Randall Robinson, « Compensate the Forgotten Victims of America's Slavery Holocaust », in *Los Angeles Times*, 11 février 2000. Voir aussi Randall Robinson, *The Debt*, New York, 2000, p. 245.)

l'heure. Un avocat a demandé 2 400 dollars pour lire le livre de Tom Bower, *Nazi Gold*. La *Jewish Week* de New York rapporte que « les organisations juives et les survivants ne prennent plus de gants dans le combat pour le partage du 1,25 milliard de dollars, prévu par l'accord signé par les banques suisses, en réparation de l'Holocauste ». Les plaignants et les survivants maintiennent que tout l'argent doit leur revenir directement. Mais les organisations juives veulent avoir leur part. Greta Beer, l'un des témoins-clés lors des auditions devant le Congrès, dénonçant le rôle croissant des organisations juives, s'insurgeait devant le juge Korman : « Je ne veux pas être piétinée comme un petit insecte. » Malgré toute sa sollicitude envers les « survivants de l'Holocauste dans le besoin », le WJC demande presque la moitié de l'argent suisse destiné aux organisations juives et à « l'éducation sur l'Holocauste ». Le Simon Wiesenthal Center soutient que si des organisations juives « respectables » reçoivent de l'argent, « une partie doit aller à des centres juifs pour l'éducation ». Manœuvrant pour gagner une meilleure part du butin, les factions juives réformée et orthodoxe affirment chacune que les six millions de morts auraient certainement choisi leur branche du judaïsme comme bénéficiaire financier. L'industrie de l'Holocauste, on s'en souvient, avait obligé la Suisse à signer un accord sous prétexte que le temps pressait : « Chaque jour il meurt des survivants de l'Holocauste dans le besoin. » Une fois l'accord signé, l'urgence disparut comme par miracle. Plus d'un an après la signature, il n'y a toujours pas de plan pour la distribution de l'argent. Le jour où le partage sera finalement effectué, tous les « survivants dans le besoin » seront probablement morts. De fait, en décembre 1999, moins de la moitié des 200 millions du « Fonds spécial pour les victimes de l'Holocauste dans le besoin » mis en place en février 1997, a été versée à de vraies victimes. Quand les honoraires des avocats auront été payés, l'argent suisse migrera vers les coffres de « respectables » organisations juives[38].

« Aucun règlement n'est acceptable – écrivait Burt Neuborne, professeur de Droit à la New York University et membre de l'équipe juridique des procès aux banques suisses – s'il permet que l'Holocauste fasse fonction d'entreprise bénéficiaire au profit des banques suisses. » Et Edgar Bronfman, dans un émouvant témoignage devant le House Banking Committee, affirmait qu'il ne fallait pas « permettre aux Suisses de faire du profit avec les cendres de l'Holocauste. » Bronfman a par ailleurs reconnu récemment que le trésor du WJC n'avait pas amassé moins d'« environ 7 milliards de dollars » en compensations[39].

Entre-temps, les rapports autorisés sur les banques suisses ont été publiés. On peut maintenant juger s'il a bien existé, selon les termes de Bower, « cinquante ans de conspiration hélvéto-nazie pour voler des miliards aux Juifs d'Europe et aux survivants de l'Holocauste ».

---

38. Philip Lentz, « Reparations Woes » in *Crain's*, 15-21 novembre 1999. Michael Shapiro, « Lawyers in Swiss Banks Settlement Submit Bill, Outraging Jewish Groups » in *Jewish Telegraphic Agency*, 23 novembre 1999. Rebecca Spence, « Hearings on Legal Fees in Swiss Bank Case » in *Forward*, 26 novembre 1999. James Bone, « Holocaust Survivors Protest Over Legal Fee » in *The Times* (Londres), 1er décembre 1999. Devlin Barrett, « Holocaust Assets » in *New York Post*, 2 décembre 1999. Stewart Ain, « Religious Strife Erupts in Swiss Money Fight » in *Jewish Week*, 14 janvier 2000. Adam Dickter, « Discord in the Court » in *Jewish Week*, 21 janvier 2000. Swiss Fund for Needy Victims of the Holocaust/Shoah, « Overview on Finances, Payment and Pending Applications », 30 novembre 1999. Les survivants de l'holocauste en Israël n'ont jamais rien touché de l'argent du Fonds spécial spécialement prévu pour eux ; voir Yair Sheleg, « Surviving Israeli Bureaucracy » in *Haaretz*, 6 février 2000.

39. Burt Neuborne, « Totalizing the Sum of Swiss Guilt » in *New York Times*, 24 juin 1998. Auditions devant le Committee on Banking and Financial Services, House of Representatives, 11 décembre 1996. « Holocaust-Konferenz in Stockholm » in *Frankfurter Allgemeine Zeitung*, 26 janvier 2000 (Bronfman).

En juillet 1998, la Commission indépendante d'experts (Bergier) rendit public son rapport, *La Suisse et les transactions d'or pendant la Seconde Guerre mondiale*[40]. La Commission confirmait que les banques suisses avaient acheté de l'or à l'Allemagne nazie pour environ 4 milliards de dollars en valeur actuelle, sachant que cet or avait été volé dans les banques centrales d'Europe occupée. Tout au long des auditions, les membres du Congrès américain manifestèrent leur émotion en apprenant que les banques suisses avaient trafiqué avec des biens provenant de pillages et, pis encore, se permettaient toujours ces infâmes pratiques. Déplorant que des politiciens corrompus déposent leurs gains mal acquis dans les banques helvétiques, un représentant en appela à la Suisse pour qu'elle finisse par adopter une législation contre « ce mouvement d'argent secret [...] effectué par des politiques haut placés, des dirigeants qui pillent le trésor de leur pays. » Un autre membre du Congrès, exprimant sa déception de voir « le nombre de politiciens internationaux de haut rang et d'hommes d'affaires corrompus qui ont trouvé en Suisse un sanctuaire pour leurs énormes richesses » se demanda tout haut si « la complaisance du système bancaire suisse envers cette génération de criminels et les pays qu'ils représentent [...] n'est pas du même genre qu'envers le régime nazi il y a 55 ans[41] ». Cette question mérite d'être posée. On

---

40. Independant Commission of Experts, Switzerland – Second World War, *Switzerland and Gold Transactions in the Second World War, Interim Report*, Berne, 1998.

41. Auditions devant le Committee on Banking and Financial Services, House of Representatives, 11 décembre 1996. Appelé en tant qu'expert, Gerhard L. Weinberg, historien de l'université de Caroline du Nord, témoigna solennellement que « la position du gouvernement suisse, à l'époque et dans les années de l'immédiat après-guerre, a toujours été que le pillage est quelque chose de licite » et que « la priorité numéro un » des banques suisses était « de faire autant d'argent que possible [...] et ce, indépendamment des considérations de légalité, de morale ou de simple décence » (Auditions devant le Committee on Banking and Financial Services, House of Representatives, 25 juin 1997).

estime que chaque année dans le monde, 100 à 200 milliards de dollars issus de la corruption politique passent les frontières pour être déposés dans des banques privées. Les critiques du Congrès auraient eu toutefois plus de poids si la moitié de ces « capitaux en fuite illégale » n'était pas déposée dans des banques américaines, de la façon la plus légale qui soit[42]. Parmi les bénéficiaires récents de ce « sanctuaire » américain, on compte Raul Salinas de Gortari, frère de l'ancien président mexicain, et la famille de l'ancien dictateur du Nigéria, le général Sani Abacha. Jean Ziegler, un député suisse très critique envers les banques suisses, observe que « l'argent pillé par Hitler et ses hommes de main ne diffère pas essentiellement de l'argent sanglant » actuellement déposé en Suisse sur les comptes privés de dictateurs du Tiers Monde. « Des millions d'hommes, de femmes et d'enfants ont été conduits à la mort par les brigands de Hitler » et « des centaines de milliers d'enfants meurent chaque année de maladies et de dénutrition » dans le Tiers Monde, parce que « des tyrans dépouillent leur pays avec l'aide des requins de la finance suisse[43]. » Et de la finance américaine tout aussi bien. Je laisse de côté le fait, plus important encore, que beaucoup de ces tyrans ont été mis en place et sont maintenus au pouvoir par les États-Unis, qui les laissent dépouiller leur pays.

Sur la question spécifique de l'holocauste nazi, la Commission indépendante concluait que les banques suisses ont bien acheté « des lingots résultant du dépouillement des victimes des camps de travail et d'extermination par les criminels nazis ». Elles ne

42. Raymond W. Baker, « The Biggest Loophole in the Free-Market System » in *Washington Quarterly*, automne 1999. Bien que ce ne soit pas autorisé par la loi américaine, une grande partie des 500 à 1 000 milliards annuels d'argent blanchi provenant du trafic de la drogue est également « déposée à l'abri dans des banques américaines ». (ibid.)

43. Ziegler, *The Swiss, the Gold and the Dead, op. cit.*, XII ; voir pp. 19, 265.

l'ont toutefois pas fait sciemment : « Il n'existe aucune indication montrant que ceux qui prenaient les décisions savaient que la Reichsbank livrait à la Suisse des lingots d'une telle provenance. » La Commission évaluait le montant de « l'or des victimes » ainsi acheté par la Suisse à 134 428 dollars, soit environ un million en valeur actuelle. Ce chiffre inclut « l'or des victimes » arraché à des déportés juifs comme à des non-juifs[44].

En décembre 1999, la Commission indépendante composée de personnes éminentes (Commission Volcker) rendit public son *Rapport sur les comptes dormants dans les banques suisses, appartenant à des victimes des persécutions nazies*[45]. Ce rapport est fondé sur un audit extensif de trois ans, qui n'a pas coûté moins de 500 millions de dollars[46]. Sa conclusion sur le « traitement des comptes dormants des victimes des persécutions nazies » mérite d'être largement citée :

« Il n'existe aucune preuve que les victimes des persécutions nazies aient subi une discrimination systématique, qu'une obstruction les ait empêché d'acccéder [aux comptes bancaires], qu'elles aient été spoliées, ou que les lois suisses concernant la conservation des documents aient été violées. Toutefois, le Rapport critique l'action de quelques banques suisses dans leur traitement des comptes des victimes des persécutions nazies. Dans cette phrase, le mot « quelques » (*some*) doit être souligné, car les actions critiquées se rapportent à des banques bien spécifiques, dans le contexte d'une enquête portant sur 254 banques et couvrant une période de 60 ans. En ce

---

44. *Switzerland and Gold Transactions in the Second World War,* chap. IV, p. 48.
45. Independant Committee of Eminent Persons, *Report on Dormants Accounts of Victims of Nazi Persecution in Swiss Banks,* Berne, 1999 (par la suite, le *Rapport*).
46. Le « coût externe » de l'audit est évalué à 200 millions de dollars. Le coût pour les banques suisses s'est monté à 300 millions (Commission bancaire fédérale suisse, communiqué de presse, 6 décembre 1999).

qui concerne les actions critiquées, le Rapport reconnaît qu'il existe des circonstances atténuantes à la conduite des banques impliquées dans ces activités. De plus, le Rapport estime qu'à l'évidence, dans de nombreux cas, les banques ont activement cherché à retrouver les dépositaires ou leurs héritiers, y compris les victimes de l'Holocauste, et ont versé aux parties intéressées des accomptes à valoir sur les comptes dormants. »

Le paragraphe se termine posément : « La Commission estime que les actions critiquées sont suffisamment importantes pour que, dans cette section, les malfaçons soient bien documentées pour pouvoir tirer les leçons du passé plutôt que de répéter ses erreurs[47]. »

Le Rapport constate également que – même si la Commission n'a pas pu retrouver l'intégralité des dossiers bancaires sur « la période en cause » (1933-1945) – il aurait été « difficile sinon impossible » de détruire des dossiers sans laisser de traces et qu'en fait « aucune preuve n'a été apportée en faveur d'une destruction systématique de dossiers, qui aurait eu pour but de dissimuler des agissements passés ». Il conclut que le pourcentage de dossiers retrouvés (60 pour cent) est « vraiment extraordinaire », « vraiment remarquable », d'autant plus que la loi suisse ne prévoit pas la conservation des dossiers au-delà de dix ans[48].

Comparons avec la manière dont le *New York Times* rend compte des constatations de la Commission Volcker. Dans un éditorial intitulé « Les faux-sem-

---

47. *Rapport*, annexe 5, p. 81, paragraphe 1 (voir 1e partie, pp. 13-15, paragraphes 41-49)
48. *Rapport*, 1e partie, p. 6, paragraphe 22 (« aucune preuve ») ; p. 6, paragraphe 23 (loi suisse et pourcentage) ; annexe 4, p. 58, paragraphe 5 (« vraiment extraordinaire ») et annexe 5, p. 81, paragraphe 3 (« vraiment remarquable ») (voir 1e partie, p. 15, paragraphe 47, 1e partie, p. 17, paragraphe 58, annexe 7, p. 107, paragraphes 3 et 9).

blants des banques suisses[49] » (*The Deceptions of Swiss Banks*), le journal rapporte que la Commission n'a pas trouvé de « preuve concluante » que les banques suisses se soient mal comportées avec les comptes juifs dormants. Le Rapport, lui, était catégorique : « aucune preuve ». Le *New York Times* affirme ensuite que la Commission « a découvert que les banques suisses ont fait en sorte, d'une manière ou d'une autre, de perdre la trace d'un nombre dramatiquement élevé (*shockingly large*) de ces comptes ». Le Rapport, lui, constatait que les Suisses avaient conservé les dossiers en nombre « vraiment extraordinaire », « vraiment remarquable ». Pour finir, le *Times* relate que d'après la Commission, « beaucoup de banques ont éconduit de façon cruelle et hypocrite des membres de familles cherchant à récupérer leurs biens ». Le Rapport indiquait que seules « quelques » banques s'étaient mal conduites, qu'elles avaient « des circonstances atténuantes », et il souligne que dans bien des cas les banques ont activement recherché les ayants droit légitimes.

Le Rapport reproche aux banques suisses de n'avoir pas été « franches et directes » (*straightforward and forthright*) dans les premières enquêtes sur les comptes dormants de la période de l'Holocauste. Il semble pourtant attribuer les médiocres résultats de ces audits plutôt à des facteurs techniques qu'à de la mauvaise volonté[50]. Le Rapport identifie 54 000 comptes ayant « une relation possible ou probable avec des victimes

---

49. « The Deceptions of Swiss Banks » in *New York Times*, 7 décembre 1999.
50. *Rapport*, annexe 5, p. 81, paragraphe 2 ; annexe 5, pp. 87-88, paragraphe 27: « Il existe plusieurs explications pour l'importante sous-évaluation des premières enquêtes, mais les raisons les plus importantes peuvent être liées : à la définition étroite de compte « dormant » par les banques suisses ; à l'exclusion de certains types de comptes de leurs recherches – ou à une recherche inadéquate ; à leur difficulté à enquêter sur des comptes au-dessous d'un certain montant ; à l'impossibilité de reconnaître que certains titulaires de comptes appartenaient bien à des victimes des persécutions nazies, si personne ne venait le déclarer à la banque. »

des persécutions nazies ». Mais il considère que dans la moitié des cas seulement – 25 000 – la probabilité était suffisante pour mériter la publication des noms des dépositaires. Pour 10 000 de ces comptes sur lesquels on possédait quelque information, le montant total estimé se situait entre 170 et 260 millions de dollars en valeur actuelle. La somme des autres comptes était impossible à évaluer[51].

Le montant total des comptes dormants, en valeur actuelle, s'élevera certainement bien au-delà des 32 millions de dollars initialement estimés par les banques suisses, mais il restera de très loin inférieur aux 7 à 20 milliards réclamés par le WJC. Témoignant par la suite devant le Congrès, Volcker émit l'opinion que le nombre de comptes suisses « probablement ou possiblement » liés à des victimes de l'Holocauste était « de plusieurs fois supérieur aux estimations initiales des Suisses ». Mais, continua-t-il, « j'insiste sur les mots "probablement ou possiblement" car après plus d'un demi-siècle, en dehors de cas peu nombreux, nous n'avons pas été capables d'établir avec certitude une relation irréfutable entre victimes et titulaires de comptes[52]. »

La découverte la plus explosive de la Commission Volcker n'a pas été rapportée dans les médias amé-

---

51. *Rapport*, p. 10, paragraphe 30 (« possible ou probable ») ; p. 20, paragraphes 73-75 (probabilité suffisante pour 25 000 comptes) ; annexe 4, pp. 65-67, paragraphes 20-26, et p. 72, paragraphes 40-43 (valeur actuelle). Conformément aux recommandations du Rapport, la Commission bancaire fédérale suisse accepta en mars 2000 de publier les 25 000 noms des titulaires de comptes (« Swiss Federal Banking Commission Follows Volcker Recommandations », communiqué de presse, 30 mars 2000).

52. Auditions devant le Committee on Banking and Financial Services, House of Representatives, 9 février 2000 (cité d'après le témoignage préparé par Volcker). Comparer avec les précautions prises par la Commission bancaire suisse : « Toutes les indications sur de possibles montants des comptes identifiés, en valeur actuelle, sont essentiellement fondées sur des estimations et des projections » ; « c'est seulement pour environ 1 200 comptes [...] qu'on a pu apporter une vraie preuve – fondée sur des sources bancaires internes contemporaines des événements – que les titulaires étaient vraiment des victimes de l'Holocauste (communiqué de presse, 6 décembre 1999).

ricains. La Commission a fait observer que, parallèlement à la Suisse, les États-Unis avaient *eux aussi* été un hâvre sûr pour des biens transférés d'Europe par des Juifs :

« La menace de la guerre et la crise économique, ainsi que la persécution des Juifs et d'autres minorités par les nazis avant et pendant la Seconde Guerre mondiale, ont poussé beaucoup de gens, y compris les victimes de ces persécutions, à transférer leurs biens dans des pays qui semblaient des refuges sûrs (en particulier les États-Unis et la Grande Bretagne). [...] La Suisse neutre ayant des frontières communes avec des pays de l'Axe ou occupés par l'Axe, les banques et autres organismes financiers suisses ont également reçu une partie de ces biens en quête d'un lieu sûr. »

Un appendice important donne la liste des « destinations favorites » des biens « transférables » des Juifs d'Europe. Les destinations principales sont les États-Unis et la Suisse, la Grande-Bretagne arrivant loin derrière, en troisième position[53].

La question qui s'impose est de savoir ce que sont devenus les comptes dormants dans les banques *américaines* ? Le House Banking Committee a invité un expert à témoigner sur ce sujet : Seymour Rubin, actuellement professeur à l'American University, et qui avait été directeur adjoint de la délégation américaine aux négociations avec les Suisses après la Seconde Guerre mondiale. Sous les auspices d'organisations juives américaines, Rubin avait également travaillé dans les années 1950, avec un « groupe d'experts sur la vie des communautés juives en Europe », à identifier les comptes dormants de l'époque de l'Holocauste dans les banques américaines. Au cours de

---

53. *Rapport*, p. 2 paragraphe 8 (voir p. 23, paragraphe 92) ; appendice S, p. A-134 ; pour une analyse plus précise, voir pp. A-135ff.

son témoignage à la Chambre des Représentants, Rubin déclara qu'au terme d'un audit très rudimentaire et superficiel ne portant que sur les banques de New York, la valeur de ces comptes pouvait être évaluée à 6 millions de dollars. Les organisations juives avaient réclamé cette somme au Congrès pour les « survivants dans le besoin » (aux États-Unis les comptes dormants abandonnés sont transférés à l'État). Rubin rappela la suite des événements :

« Ceux qui devaient défendre la loi devant le Congrès rejetèrent l'estimation initiale de 6 millions de dollars et, dans le projet de loi original, la limite fut fixée à 3 millions. [...] Au fil des auditions devant les Commissions, ce chiffre fut ramené à 1 million. Le processus législatif réduisit encore la somme à 500 000 dollars. Le Budget refusa cette somme et proposa une limite de 250 000 dollars. La loi finit par passer avec la limite de 500 000 dollars. »

« Les États-Unis, concluait Rubin, n'ont pris que des mesures très limitées pour identifier les biens sans héritiers dans le pays, et n'ont consacré à cette question que 500 000 dollars, par opposition aux 32 millions de dollars reconnus par les banques suisses, avant même l'enquête Volcker[54]. » En d'autres termes, *le dossier américain est bien pire que le dossier suisse*. Fait remarquable, en dehors d'une brève remarque d'Eizenstat, au cours des auditions sur les banques suisses devant le Congrès, il n'a été fait aucune mention des comptes dormants en Amérique. Bien que Rubin joue un rôle central dans les nombreuses publications relatives à l'affaire des banques suisses – Bower consacre des pages entières à ce « croisé du

---

54. Auditions devant le Committe on Banking and Financial Services, House of Representatives, 25 juin 1997 (cité d'après le témoignage préparé par Rubin). Sur le contexte de cette affaire, voir Seymour J. Rubin et Abba P. Schwartz, « Refugees and Reparations » in *Law and Contemporary Problems*, Duke University School of Law, 1951, pp. 286-289.

Département d'État» –, personne n'a fait allusion à son témoignage devant la Chambre. Pendant cette audition, Rubin avait également exprimé «une certaine dose de scepticisme sur les énormes sommes [des comptes dormants suisses] dont on parle ». Inutile de dire que les vues précises de Rubin sur le sujet sont restées elles aussi soigneusement ignorées.

Quand a-t-on entendu le Congrès crier haro sur les «perfides» banquiers américains? Les membres des commissions bancaires du Sénat et de la Chambre ont l'un après l'autre bruyamment enjoint aux Suisses de «payer enfin leurs dettes ». Mais aucun n'a appelé les États-Unis à s'acquitter de la leur. Un membre du House Banking Committee a même avancé sans rougir – avec l'assentiment de Bronfman – que la Suisse était «le seul pays à avoir manqué du courage nécessaire pour affronter sa propre histoire[55]». Comme on pouvait s'y attendre, l'industrie de l'Holocauste n'a pas lancé de campagne d'enquête sur les banques américaines. Un audit sur ces banques, de même échelle que l'audit suisse, coûterait au contribuable américain non pas des millions mais des milliards de dollars[56]. Avant qu'il soit terminé, les Juifs américains seraient en train de chercher asile à Munich. Le courage a ses limites.

Déjà, à la fin des années 1940, quand les États-Unis pressaient la Suisse d'identifier les comptes dormants, les Suisses avaient protesté et conseillé aux Américains de commencer par balayer devant leur porte[57]. À la mi-1997, le gouverneur Pataki annonça la mise

---

55. Auditions devant le Committee on Banking and Financial Services, House of Representatives, 25 juin 1997.

56. Pendant la «période en cause» de 1933-1945, la population s'élevait à 4 millions d'habitants contre 130 millions pour les États-Unis. La Commission Volcker a examiné tous les comptes suisses ouverts, fermés ou dormants pendant ces douze années.

57. Levin, *Last Deposit*, *op. cit.*, p. 23. Bower, *Nazi Gold*, *op. cit.*, p. 256. Bower qualifie cette demande des Suisses de «rhétorique sans réponse possible ». Sans réponse possible, assurément, mais pourquoi rhétorique ?

en place d'une Commission de l'État de New York pour la récupération des biens des victimes de l'Holocauste, chargée de faire valoir des réclamations contre les banques suisses. Sans se laisser impressionner, les Suisses suggérèrent que la Commission pourrait être plus efficace en s'attaquant aux banques américaines et israéliennes[58]. Bower rappelle en effet que les banquiers israéliens ont « refusé de livrer les listes de comptes dormants appartenant à des Juifs » après la guerre de 1948, et il a été récemment établi que « contrairement aux pays européens, les banques israéliennes et les organisations sionistes résistent à la mise en place de commissions indépendantes pour évaluer les biens et les comptes dormants appartenant à des survivants de l'Holocauste, et pour localiser leurs propriétaires » (*Financial Times*). (Il s'agit de Juifs d'Europe qui avaient acheté des terres ou ouvert des comptes en Palestine pendant le mandat anglais, pour soutenir l'entreprise sioniste ou pour préparer leur future immigration.) En octobre 1998, le WJC et le WJRO « décidèrent de ne pas s'occuper des biens des victimes de l'Holocauste en Israël, car ce sujet était du ressort du gouvernement israélien » (*Haaretz*). Les procédures lancées par ces organisations juives se sont donc abattues sur la Suisse et non sur l'État juif. Parmi les charges relevées contre les banques suisses, l'une des plus spectaculaires était qu'elles exigeaient des héritiers des victimes de l'holocauste nazi un certificat de décès. Les banques israéliennes exigeaient elles aussi ce document. On chercherait en vain une dénonciation des « perfides Israéliens ». Pour démontrer qu'« on ne peut établir aucune équivalence morale entre Israël et la Suisse », le *New York Times* citait

58. Rickman, *Swiss Banks*, *op. cit.*, pp. 194-195.

un ex-député israélien : « Ici, c'est tout au plus de la négligence ; en Suisse, c'est un crime[59]. »

En mai 1998, le Congrès chargea une « Commission consultative présidentielle sur les biens liés à l'Holocauste aux États-Unis » de « conduire une nouvelle recherche sur le sort des biens appartenant aux victimes de l'Holocauste et tombés entre les mains du gouvernement fédéral » et de « conseiller le président sur la politique à adopter pour la restitution de ces biens aux légitimes propriétaires ou à leurs héritiers ». Bronfman, qui la présidait, déclara : « Le travail de la Commission démontre de manière irréfutable qu'aux États-Unis, nous voulons être aussi exigeants dans la recherche de la vérité que nous l'avons été envers d'autres nations. » Cela dit, une Commission consultative présidentielle dotée d'un budget de 6 millions de dollars n'a pas grand chose à voir avec un audit externe de 500 millions de dollars, portant sur tout le système bancaire d'un pays, avec accès illimité aux dossiers bancaires[60]. Pour dissiper tout doute sur le fait que les États-Unis étaient à l'avant-garde dans les efforts pour la restitution des biens juifs, James Leach, président du House Banking Committee, annonça fièrement en février 2000 qu'un musée de Caroline du Nord avait restitué un tableau à une famille autrichienne. « Cela souligne la conduite responsable des États-Unis [...] et je pense que c'est là une chose sur laquelle cette Commission doit mettre l'accent.[61] »

---

59. Bower, *Nazi Gold, op. cit.*, pp. 350-351. Akiva Eldar, « UK : Israel Didn't Hand Over Compensations to Survivors » in *Haaretz*, 21 février 2000. Judy Dempsey, « Jews Find It Hard to Reclaim Wartime Property in Israel », in *Financial Times*, 1er avril 2000. Jack Katzenell, « Israel Has WWII Assets » in *Associated Press*, 13 avril 2000. Joel Greenberg, « Hunt for Holocaust Victim's Property Turns in New Direction : Toward Israel » in *New York Times*, 15 avril 2000. Alkiva Eldar, « People and Politics » in *Haaretz*, 27 avril 2000.

60. Pour plus d'informations sur la Commission, voir www.pcha.gov (d'après Bronfman, communiqué de presse du 21 novembre 1999).

61. Auditions devant le Committee on Banking and Financial Services, House of Representatives, 9 février 2000.

Pour l'industrie de l'Holocauste, l'affaire des banques suisses – comme les tourments endurés en Suisse par le « survivant » Binjamin Wilkomirski – était une preuve de plus de la malignité bien enracinée et irrationnelle des Gentils. Pour Itamar Levin, cette affaire montrait que même « une nation européenne libérale et démocratique » pouvait manquer totalement de sensibilité envers « ceux qui portent les cicatrices physiques et émotionnelles du pire crime de l'histoire ». En avril 1997, une étude de l'université de Tel Aviv révéla « une incontestable poussée » de l'antisémitisme en Suisse. Mais cette désastreuse évolution n'avait naturellement aucun lien avec l'extorsion menée par l'industrie de l'Holocauste aux dépens des Suisses. « Ce ne sont pas les Juifs qui font l'antisémitisme. Ce sont les antisémites », lança Bronfman avec mépris[62].

Les réparations matérielles de l'Holocauste « sont le plus grand test moral pour l'Europe à la fin du XXe siècle » affirme Itamar Levin. Il montrera comment le Continent traite le peuple juif[63] ». Enhardie par son succès dans l'extorsion de fonds aux dépens des Suisses, l'industrie de l'Holocauste se mit rapidement à « tester » le reste de l'Europe. L'étape suivante allait être l'Allemagne.

Après que l'industrie de l'Holocauste eut conclu l'accord avec la Suisse en août 1998, dès septembre elle mit en œuvre la même stratégie gagnante contre l'Allemagne. Les trois mêmes équipes juridiques (Hausfeld-Weiss, Fagan-Swift et le World Council of Orthodox Jewish Communities) lancèrent des procédures contre des firmes industrielles allemandes, avec des demandes de réparations atteignant 20 milliards de dollars. Hevesi, le *comptroller* de la ville de

---

62. Levin, *Last Deposit*, *op. cit.*, pp. 223, 204. « Swiss Defensive About WWII Role » in *Associated Press*, 15 mars 2000. *Time*, 24 février 1997 (Bronfman).
63. Levin, ibid., p. 224.

New York, brandissant la menace de boycott économique, commença à « suivre attentivement » les négociations en avril 1999. Les auditions devant le House Banking Committee eurent lieu en septembre. Carolyn Maloney, de la Chambre des Représentants, déclara que « le temps passé ne doit pas être un alibi pour un enrichissement illicite » (en tout cas pour la main-d'œuvre juive des camps – le travail des esclaves afro-américains est une autre histoire), tandis que le président de la Commission, James Leach, reprenait son ancien texte et claironnait que « l'histoire ne connaît pas de prescription ». Stuart Eizenstat déclara à la Commission que les firmes allemandes travaillant aux États-Unis « tiennent à leur bonne réputation dans ce pays et chercheront à préserver leur place dans la cité, tant aux États-Unis qu'en Allemagne ». Passant outre les détours diplomatiques, le représentant Rick Lazio pressa carrément la Commission de « concentrer son attention sur les firmes privées allemandes, et en particulier sur celles qui font des affaires aux États-Unis[64] ». En octobre, pour alimenter l'hystérie publique contre l'Allemagne, l'industrie de l'Holocauste acheta des pages entières de publicité dans les journaux. L'affreuse vérité ne suffisait pas ; on utilisa les sujets les plus sensibles. Une publicité dénonçant le conglomérat pharmaceutique Bayer faisait allusion au rôle de Josef Mengele, alors qu'il n'existe aucune preuve que Bayer ait « dirigé » ses expérimentations criminelles.

Reconnaissant que la machine de guerre de l'Holocauste était impossible à arrêter, les Allemands acceptèrent à la fin de l'année un accord financier d'un montant considérable. Le *Times* de Londres mit cette capitulation à l'actif de la campagne de l'« Holo-

---

64. Auditions devant le Committee on Banking and Financial Services, House of Representatives, 14 septembre 1999.

cash» aux États-Unis. Eizenstat devait dire plus tard devant le House Banking Committee : «Nous n'aurions jamais obtenu cet accord si le président Clinton ne s'était pas personnellement impliqué et n'avait pas guidé notre action [...] de même que d'autres officiels de haut rang» du gouvernement des États-Unis[65].

L'industrie de l'Holocauste soutenait que l'Allemagne avait «une obligation morale et juridique» de verser des réparations aux anciens travailleurs concentrationnaires. Eizenstat faisait valoir que «ces anciens des camps d'esclavage méritent bien un petit supplément de justice, pendant les quelques années qui leur restent à vivre». Pourtant, les travailleurs concentrationnaires juifs avaient perçu des réparations. Leur cas avait été inclus dans les accords initiaux par lesquels l'Allemagne versait des réparations à tous les déportés des camps. Le gouvernement allemand avait indemnisé les anciens des camps de travail concentrationnaire pour «la privation de liberté» et pour «les dommages subis au plus profond de leur chair». Seules les pertes de salaires n'avaient pas été indemnisées. Ceux qui souffraient d'invalidités chroniques percevaient à vie une pension substantielle[66]. L'Allemagne avait également versé à la Claims Conference

---

65. Yair Sheleg, «Not Even Minimum Wage» in *Haaretz*, 6 octobre 1999. William Drozdiak, «Germans Up Offer to Nazis' Slave Laborers » in *Washington Post*, 18 novembre 1999. Burt Herman, «Nazi Labor Talks End Without Pact », in *Forward*, 20 novembre 1999. «Bayer's Biggest Headache», in *New York Times*, 5 octobre 1999. Jan Cieski, «Wartime Slave-Labour Survivors' Ads Hit Back », in *National Post*, 7 octobre 1999. Edmund L. Andrews, «Germans To Set Up $ 5.1 Billion Fund for Nazis Slaves» in *New York Times*, 15 décembre 1999. Edmund L. Andrews, «Germany Accepts $ 5.1 Billion Accord to End Claims of Nazi Slaves Workers» in *New York Times*, 18 décembre 1999. Allan Hall, «Slave Labour List Names 255 German Companies », in *The Times* (Londres), 9 décembre 1999. Auditions devant le Committee on Banking and Financial Services, House of Representatives, 9 février 2000 (cité d'après le témoignage préparé par Eizenstat).

66. Sagi, *German Reparations*, *op. cit.*, p. 161. Probablement un quart des travailleurs concentrationnaires juifs ont reçu une telle pension, parmi lesquels mon défunt père (ancien d'Auschwitz). En réalité, les données de la Claims Conference dans les négociations récentes sur la main-d'œuvre juive des camps incluent ceux qui perçoivent déjà des pensions ou des réparations de l'Allemagne ! (Parlement allemand, 92e session, 15 mars 2000).

environ un milliard de dollars en valeur actuelle pour ceux qui n'avaient reçu qu'une indemnisation insuffisante. La Claims Conference, on l'a vu, avait violé les termes de l'accord avec l'Allemagne en utilisant l'argent pour ses projets préférés. Elle avait justifié ce détournement en arguant qu'« avant même que les fonds allemands soient disponibles [...] les besoins des victimes "nécessiteuses" avaient déjà été largement comblés[67]. » Pourtant, cinquante ans plus tard, l'industrie de l'Holocauste demandait de l'argent pour les « victimes de l'Holocauste dans le besoin » qui, prétendait-elle, vivaient dans la pauvreté parce que les Allemands ne les avaient pas indemnisées.

Il n'est guère possible de dire en quoi consiste une réparation « convenable » pour d'anciens travailleurs concentrationnaires. On peut cependant avancer que selon le nouvel accord, chacun d'entre eux devrait percevoir environ 7 500 dollars. Si la Claims Conference avait distribué correctement les fonds initiaux, un bien plus grand nombre d'anciens travailleurs concentrationnaires juifs auraient touché bien plus et bien plus vite.

Les « victimes de l'Holocauste dans le besoin » vont-elles percevoir les nouvelles sommes versées par les Allemands ? La question reste ouverte. La Claims Conference en veut un bon morceau pour son « fonds spécial ». D'après le *Jerusalem Report*, la Conference « a tout à gagner à ce que les survivants ne touchent rien ». Michael Kleiner, député à la Knesset (Hérout), a violemment critiqué la Conference, la traitant d'« organisme malhonnête, agissant dans le secret, affreusement corrompu matériellement et moralement », « un corps opaque qui maltraite les survivants juifs de l'Holocauste et leurs héritiers, qui reste assis sur un énorme tas d'argent appartenant à des personnes privées, qu'il

67. Zweig, *German Reparations and the Jewish World*, *op. cit.*, p. 98 ; voir p. 25.

essaie par tous les moyens de s'approprier alors que ces personnes sont toujours en vie», «un Judenrat*, qui poursuit le travail des nazis par des voies différentes[68]». Pendant ce temps, Suart Eizenstat continuait, devant le House Banking Committee, à vanter «le processus transparent que la Jewish Material Claims Conference a mené depuis quelque quarante ans». La palme du cynisme revient sans conteste au rabbin Israel Singer. Outre son poste de secrétaire général du WJC, il a été vice-président de la Claims Conference et c'est lui qui dirigeait les négociations avec l'Allemagne dans l'affaire de la main-d'œuvre juive des camps. Après les accords avec la Suisse et l'Allemagne, il réitéra pieusement devant le House Banking Committee que «ce serait une honte» si l'argent des réparations était «payé aux héritiers plutôt qu'aux survivants». «Nous ne voulons pas que l'argent aille aux héritiers. Nous voulons que l'argent aille aux victimes.» Mais le *Haaretz* rapporte que Singer a été le premier à proposer que l'argent des réparations soit utilisé «pour les besoins de l'ensemble du peuple juif, et pas seulement pour ceux qui ont eu la chance de survivre à l'Holocauste et d'atteindre un âge avancé[69]».

Dans une publication de l'US Holocaust Memorial Museum, Henry Friedlander, historien de l'holocauste réputé et ancien déporté d'Auschwitz, présentait quelques chiffres concernant la situation à

---

* *Judenrat*, ou conseil juif: organisation représentant les communautés juives dans les pays occupés par l'Allemagne. Leur collaboration avec les nazis a été vivement critiquée par tous les survivants de l'holocauste nazi. (N.d.T.).

68. Conference on Jewish Material Claims Against Germany, «Position Paper – Slave Labor. Proposed Remembrance and Responsability Fund», 15 juin 1999. Netty C. Gross, «$ 5.1 Billion Slave Labor Deal Could Yield Little Cash For Jewish Claimants» in *Jerusalem Report*, 31 janvier 2000. Zvi Lavi, «Kleiner (Herut): Germany Claims Conference Has Become Judenrat, Carrying on Nazi Ways» in *Globes*, 24 février 2000. Yair Sheleg, «MK Kleiner: The Claims Conference Does Not Transfer Indemnifications to Shoah Survivors» in *Haaretz*, 24 février 2000.

69. Auditions devant le Committee on Banking and Financial Services, House of Representatives, 9 février 2000. Yair Sheleg, «Staking a Claim to Jewish Claims» in *Haaretz*, 31 mars 2000.

la fin de la guerre :

« S'il y avait environ 715 000 détenus dans les camps au début de 1945, et si au moins un tiers, soit 238 000, sont morts au cours du printemps 1945, nous pouvons estimer que les survivants étaient au plus 475 000. Comme les Juifs avaient été systématiquement massacrés, et comme seuls ceux qui étaient sélectionnés pour le travail concentrationnaire – à Auschwitz, environ 15 pour cent – avaient une chance de survivre, nous pouvons supposer que les Juifs ne représentaient pas plus de 20 pour cent de la population concentrationnaire. »

« Nous pouvons donc estimer, conclut Friedlander, que le nombre des survivants juifs ne dépassait par 100 000. » Notons que l'estimation de Friedlander pour les survivants de la main-d'œuvre juive des camps est dans la fourchette haute parmi celles fournies par les historiens. Leonard Dinnerstein, dans une étude qui fait autorité, écrit : « Soixante mille Juifs [...] sont sortis des camps de concentration. Dans la semaine, plus de vingt mille d'entre eux étaient morts[70]. »

Lors d'une réunion de travail au Département d'État en mai 1999, Stuart Eizenstat estimait le chiffre total des anciens travailleurs concentrationnaires encore vivants, Juifs et non-Juifs, à « peut-être 70 000-90 000[71] ». Cette fourchette impliquait, pour la main-

---

70. Henry Friedlander, « Darkness and Dawn in 1945 : The Nazis, the Allies and the Survivors » in *US Holocaust Memorial Museum, 1945 – The Year of Liberation*, Washington, 1995, pp. 11-35. Dinnerstein, *America and the Survivors*, *op. cit.*, p. 28. Selon l'historien israélien Shlomo Shafir « l'estimation des survivants juifs à la fin de la guerre varie entre 50 000 et 70 000 » (*Ambiguous Relations*, *op. cit.*, p. 384, note 1). Le chiffre total de Friedlander pour l'ensemble des survivants de la main-d'œuvre des camps, Juifs et non-Juifs, est dans la norme ; voir Benjamin Ferencz, *Less Than Slaves*, Cambridge, 1979 : « Dans les camps libérés par les Alliés se trouvaient environ un demi-million de personnes plus ou moins vivantes. » (XVII ; voir p. 240, note 5).

71. Stuart Eizenstat, sous-secrétaire d'État pour les affaires économiques, commerciales et agricoles, chef de la délégation américaine aux négociations avec l'Allemagne sur la main-d'œuvre juive des camps, réunion au Département d'État, 12 mai 1999.

d'œuvre juive des camps, un chiffre de survivants de 14 000 à 18 000 (20 pour cent de 70 000-90 000). Eizenstat dirigeait la délégation américaine au cours des négociations avec l'Allemagne sur la main-d'œuvre juive des camps. Il travaillait en étroite liaison avec la Claims Conference[72]. Au début des négociations avec l'Allemagne, l'industrie de l'Holocauste demandait des réparations pour 135 000 survivants juifs. Le nombre total de ces survivants, juifs et non-juifs, était estimé à 250 000[73]. En d'autres termes, le nombre des survivants juifs des camps de travail concentrationnaire avait été multiplié par dix depuis mai 1999, et la proportion entre les survivants juifs et non-juifs radicalement modifiée. À en croire l'industrie de l'Holocauste, les survivants juifs du travail concentrationnaire sont beaucoup plus nombreux aujourd'hui qu'il y a un demi-siècle. « Quelle toile emmêlée nous tissons – écrivait Walter Scott – quand notre première préoccupation est la tromperie*. »

Tandis que l'industrie de l'Holocauste joue ainsi avec les chiffres pour gonfler ses réclamations, les antisémites ont le plaisir de pouvoir se moquer des « menteurs juifs » qui trafiquent même avec leurs morts. En truquant ces chiffres, l'industrie de l'Holocauste tend à blanchir le nazisme, même si telle n'est pas son intention. Raul Hilberg évalue le nombre des Juifs assassinés par les nazis à 5,1 millions[74]. Or, si 135 000 survivants juifs de la main-d'œuvre des camps sont aujourd'hui en vie, cela signifie que quelque 600 000 ont survécu à la guerre, nombre supérieur d'un demi-million aux estimations habituelles. Ce demi-million, il faut le soustraire aux

---

72. Voir ses « remarques » à la réunion annuelle de la Conference on Jewish Material Claims Against Germany and Austria, New York, 14 juillet 1999.

73. Toby Axelrod, « $ 5.2 Billion Slave-Labor Deal Only the Start » in *Jewish Bulletin*, 12 décembre 1999 (citant la *Jewish Telegraphic Agency*).

* « What a tangled web we weave, when first we practice to deceive. »

74. Hilberg, *The Destruction*, *op. cit.*, vol. III, appendice B.

5,1 millions de tués. Dans ces conditions, non seulement le chiffre des « six millions » n'est plus tenable, mais en suivant l'industrie de l'Holocauste on se rapproche rapidement des chiffres des négationnistes. On sait que Heinrich Himmler évaluait la population totale des camps en janvier 1945 à un peu plus de 700 000, et que, d'après Friedlander, un tiers d'entre eux étaient morts en mai. Mais si les Juifs ne représentaient que 20 pour cent des survivants, et si – comme l'impliquent les chiffres donnés par l'industrie de l'Holocauste – 600 000 d'entre eux ont survécu, cela signifie que le nombre total des survivants, juifs et non-juifs, était de 3 millions. Si l'on admet le système d'évaluation de l'industrie de l'Holocauste, alors les conditions des camps de concentration ne devaient pas être si dures ; il faut supposer une fertilité remarquablement élevée et un taux de mortalité remarquablement faible[75].

Il est généralement admis que la Solution finale fut une extermination extraordinairement efficace, à la chaîne, industrielle[76]. Mais si, comme le suggère l'industrie de l'Holocauste, plusieurs centaines de milliers de Juifs ont survécu, c'est que la Solution finale n'était pas si efficace, après tout. Elle devait tenir de

---

75. Dans un interview donné au *Berliner Zeitung*, citant Friedlander, j'ai mis en doute le chiffre de 135 000 avancé par la Claims Conference. Comme réfutation, la Claims Conference s'est bornée à affirmer que le chiffre de 135 000 « était fondé sur les meilleures et les plus fiables des sources, et qu'en conséquence il était exact ». Aucune de ces sources n'était précisée. (« Die Ausbeutung jüdischen Leidens » in *Berliner Zeitung*, 29-30 janvier 2000 ; « Gegendarstellung der Jewish Claims Conference », in *Berliner Zeitung*, 1er février 2000). Répliquant à mes critiques par un interview dans *Der Tagesspiegel*, la Claims Conference maintint que quelque 700 000 Juifs avaient survécu au travail concentrationnaire, 350 à 400 000 sur le territoire du Reich et 300 000 dans des camps de concentration situés ailleurs. Pressée de donner ses sources scientifiques, la Conference refusa avec indignation. Inutile de dire que ses chiffres ne correspondent à aucun travail de recherche connu sur le sujet. (Eva Schweitzer, « Entschaedigung für Zwangsarbeiter » in *Tagesspiegel*, 6 mars 2000.)

76. Comme le remarque Hilberg, «jamais auparavant dans l'histoire, des hommes n'avaient été tués comme à la chaîne.» (*The Destruction*, *op. cit.*, vol. III, p. 863.) L'analyse classique sur ce sujet est *Modernity and the Holocaust* de Zygmunt Bauman.

l'improvisation – exactement ce que soutiennent les négationnistes. *Les extrêmes se touchent**.

Dans un récent interview, Hilberg soulignait que les chiffres ont leur importance pour comprendre l'holocauste nazi. De fait, les données révisées par la Claims Conference remettent radicalement en question sa propre interprétation. Dans le rapport préliminaire de la Conference sur le travail concentrationnaire, rédigé en vue des négociations avec l'Allemagne, on lit que : « Le travail concentrationnaire (*slave labor*) était l'une des trois méthodes utilisées par les nazis pour tuer les Juifs, les deux autres étant la fusillade et le gaz. L'un des buts du travail concentrationnaire était d'amener les esclaves à la mort. [...] Le terme d'esclave est impropre dans ce contexte. En général les propriétaires ont intérêt à préserver la vie et la santé de leurs esclaves. Mais le plan des nazis pour les "esclaves" était d'utiliser leur potentiel de travail, puis de les exterminer. » En dehors des négationnistes, personne n'a jamais discuté le fait que le nazisme vouait les travailleurs concentrationnaires à cet horrible destin. Mais comment concilier ces faits bien établis avec l'affirmation que plusieurs centaines de milliers d'esclaves juifs ont survécu aux camps ? La Claims Conference n'a-t-elle pas franchi le mur qui sépare la macabre vérité sur l'holocauste nazi de la négation de l'Holocauste[77] ?

Dans une pleine page de publicité parue dans le *New York Times*, des lumières de l'industrie de l'Holocauste comme Élie Wiesel, le rabbin Marvin Hier et Steven Katz, condamnaient « la négation de l'Holocauste par la Syrie ». Le texte s'en prenait à l'éditorial d'un organe officiel du gouvernement syrien, qui affirmait qu'Israël « inventait des histoires sur

---

* En français dans le texte.

77. Guttenplan, « Holocaust on Trial » (Hilberg). Conference on Jewish Material Claims Against Germany, « Position paper – Slave Labor », 15 juin 1999.

l'Holocauste» pour «toucher davantage d'argent de l'Allemagne et de diverses institutions occidentales». Malheureusement, cette accusation syrienne était fondée. L'aspect ironique, que ni le gouvernement syrien ni les signataires de la publicité n'ont relevé, c'est que ces histoires, ces centaines de milliers de survivants équivalent à une forme de négation de l'Holocauste[78].

L'extorsion aux dépens de la Suisse et de l'Allemagne n'était qu'un prélude : le grand final allait porter sur l'Europe de l'Est. Avec l'écroulement du bloc soviétique, d'intéressantes perspectives s'ouvraient dans ce qui avait été le cœur du judaïsme européen. Brandissant avec componction l'étendard des «victimes de l'Holocauste dans le besoin» l'industrie de l'Holocauste entreprit d'extorquer des milliards de dollars à ces pays déjà ruinés. Travaillant à cet objectif avec une brutale désivolture, elle est devenue le grand agent du renouveau de l'antisémitisme en Europe.

L'industrie de l'Holocauste s'établit comme le seul ayant droit légitime pour tous les biens des communautés et des individus disparus dans l'holocauste nazi. Edgar Bronfman affirma devant le House Ban-

---

78. «We Condemn Syria's Denial of the Holocaust» in *New York Times*, 9 février 2000. Pour étayer l'affirmation d'une «montée de l'antisémitisme en Europe », David Harris, de l'AJC, s'appuie sur une enquête montrant que l'idée selon laquelle «les Juifs exploitent à leur profit la mémoire de l'extermination des Juifs par les nazis» est largement approuvée. Il ajoute à cela «la manière extrêmement négative dont certains journaux allemands ont traité la Jewish Claims Conference [...] au cours des négociations récentes sur les réparations du travail concentrationnaire. De nombreux articles l'ont dépeinte ainsi que la plupart des avocats juifs, comme avide et intéressée, et une discussion étrange s'est instaurée dans les principaux journaux, sur le point de savoir s'il existe autant de survivants juifs que l'indique la Claims Conference.» (Auditions devant le Foreign Relations Committee, United States Senate, 5 avril 2000.) En réalité, il m'est apparu qu'il était à peu près impossible de soulever ce sujet en Allemagne. Bien que le tabou ait fini par être brisé par le quotidien de centre-gauche, *Die Berliner Zeitung*, le courage de son éditorialiste, Martin Sueskind et de son correspondant aux États-Unis, Stefan Elfenbein, n'a eu que peu d'écho dans les médias allemands, en raison des menaces judiciaires et du chantage moral exercé par la Claims Conference et de la répugnance générale des Allemands à critiquer ouvertement les Juifs.

king Committee qu'« un accord a été passé avec le gouvernement israélien, selon lequel les biens sans héritiers devaient échoir à la World Jewish Restitution Organization». Avec ce «mandat», l'industrie de l'Holocauste mit en demeure les pays de l'ancien bloc soviétique de lui remettre toutes les propriétés que possédaient les Juifs avant la guerre, ou de fournir des compensations financières[79]. À la différence de ce qui s'était passé pour la Suisse et l'Allemagne, ces demandes furent faites sans publicité. L'opinion, qui avait soutenu l'opération de chantage contre les banquiers suisses et les industriels allemands, n'aurait peut-être pas apprécié le chantage à l'encontre de paysans polonais faméliques. Les Juifs qui avaient perdu leur famille pendant l'holocauste nazi pourraient également voir d'un mauvais œil les machinations de la WJRO. Se proclamer l'héritier légitime de ceux qui sont morts, pour s'approprier leurs biens, pourrait aisément passer pour du pillage de tombes. Et d'ailleurs l'industrie de l'Holocauste n'a pas besoin dans ce cas de mobiliser l'opinion publique. Soutenue par d'importants officiels américains, elle peut aisément briser les fragiles défenses de ces nations affaiblies.

«Fait important – affirmait Stuart Eizenstat devant une commission parlementaire –, nos efforts pour obtenir la restitution de biens communaux sont essentiels pour la renaissance et le renouveau de la vie juive» en Europe de l'Est. Sous prétexte de «promouvoir la renaissance» de la vie juive en Pologne, la World Jewish Restitution Organization exige d'être reconnue propriétaire de 6000 biens communaux juifs d'avant-guerre, y compris ceux qui servent aujourd'hui

79. Auditions devant le Committee on Banking and Financial Services, House of Representatives, 11 décembre 1996. J.D. Bindenagel (sous la dir. de), *Proceedings, Washington Conference on Holocaust-Era Assets: 30 November-3 December 1998* (US Government Printing Office, Washington DC), pp. 687, 700-701, 706.

d'écoles ou d'hôpitaux. Il y avait en Pologne avant-guerre trois millions et demi de Juifs : aujourd'hui il n'y en a que quelques milliers. La renaissance de la vie juive nécessite-t-elle vraiment une synagogue ou une école par Juif polonais ? L'organisation réclame également des centaines de milliers de parcelles de terrain, qui valent plusieurs dizaines de milliards de dollars. Selon *Jewish Week*, « les officiels polonais craignent que cette demande ne mette le pays en faillite ». Quand le parlement polonais proposa de fixer une limite aux réparations pour éviter la banqueroute, Elan Steinberg, du WJC, dénonça cette loi comme « un acte fondamentalement anti-américain[80] ».

Resserrant leur étreinte sur la Pologne, les avocats de l'industrie de l'Holocauste intentèrent une action devant le tribunal du juge Korman pour indemniser « des survivants de l'Holocauste âgés et près de mourir ». Les plaignants accusaient les gouvernements polonais qui s'étaient succédés depuis la guerre d'avoir « continué pendant les cinquante-quatre dernières années » une politique génocidaire à l'encontre des Juifs, « allant de l'expulsion à l'extinction ». Le New York City Council unanime vota une résolution appelant la Pologne à « adopter une loi prévoyant la restitution complète des biens de l'Holocauste », tandis que 57 membres du Congrès (conduits par Anthony Weiner, représentant de New York) envoyaient une lettre au parlement polonais demandant « une loi globale qui restitue 100% de toutes les propriétés et de tous les biens saisis pendant l'Holocauste ». La lettre précisait que, « comme les gens en

80. Auditions devant l'International Relations Committee, House of Representatives, 6 août 1998. Bindenagel, *Washington Conference on Holocaust-Era Assets*, p. 433. Joan Gralia, « Poland Tries to Get Holocaust Lawsuit Dismissed » in *Reuters*, 23 décembre 1999. Eric J. Greenberg, « Polish Restitution Plan Slammed », in *Jewish Week*, 14 janvier 2000. « Poland Limits WWII Compensation Plan » in *Newsday*, 6 janvier 2000.

cause deviennent chaque jour plus vieux, le temps presse pour indemniser ceux qui ont été lésés[81] ».

Stuart Eizenstat, témoignant devant le Senate Banking Committee, se plaignait de la lenteur avec laquelle les occupants actuels étaient chassés : « La récupération des propriétés a soulevé toute une série de problèmes. Par exemple, lorsque des individus ou des communautés ont réclamé leurs propriétés, on leur a demandé, parfois avec insistance [...] de permettre aux occupants actuels de demeurer là, pour une longue période, moyennant le paiement d'une rente à taux contrôlé[82]. » Eizenstat était particulièrement irrité par la mauvaise volonté de la Biélorussie, « très, très en retard » dans la restitution des propriétés juives d'avant-guerre[83]. Le revenu moyen mensuel d'un Biélorusse est de 100 dollars.

Pour contraindre les gouvernements récalcitrants, l'industrie de l'Holocauste sortit la matraque des sanctions américaines. Eizenstat pressa le Congrès de « faire monter » les compensations de l'Holocauste, de les mettre « en tête de liste » des conditions requises pour les pays d'Europe de l'Est présentant leur candidature à l'OCDE, à l'OIT, à l'OTAN et au Conseil de l'Europe : « Ils vous comprendront si vous parlez. [...] Ils saisiront le message. » Israel Singer,

---

81. *Theo Garb et al. versus Republic of Poland* (United States District Court, Eastern District of New York, 18 juin 1999). (L'action était menée par Edward E. Klein et Mel Urbach, ce dernier étant un vétéran des affaires suisse et allemande. Une « plainte amendée » fut déposée le 2 mars 2000 par des avocats en plus grand nombre, mais il y manquait les accusations les plus pittoresques contre les gouvernements polonais d'après-guerre.) « Dear Leads NYC Council in Call to Polish Government to Make Restitution of Victims of Holocaust Era Property Seizure » in *News From Council Member Noach Dear*, 29 novembre 1999 (la citation du texte provient de la résolution elle-même, n° 1072, votée le 23 novembre 1999). « [Anthony D.] Weiner Urges Polish Government To Repatriate Holocaust Claims », US House of Representatives (communiqué de presse, 14 octobre 1999 ; les citations du texte proviennent du communiqué de presse et de la lettre elle-même, datée du 13 octobre 1999).

82. Auditions devant le Committee on Banking, Housing, and Urban Affairs, United States Senate, 23 avril 1996.

83. Auditions devant l'International Relations Committee, House of Representatives, 6 août 1998.

du WJC, demanda au Congrès de « continuer à surveiller la liste des versements » pour « vérifier » que chaque pays s'acquitte de ce qu'il doit. Le représentant Benjamin Gilman, membre de l'International Relations Committee, déclara que « leur réponse [...] est l'un des critères sur lesquels les États-Unis évaluent leurs relations bilatérales ». Avraham Hirschson, président de la Commission de la Knesset sur la restitution et représentant d'Israël à la World Jewish Restitution Organization, rendit hommage à la complicité du Congrès américain dans l'extorsion. Rappelant ses « bagarres » avec le Premier ministre roumain, il raconta : « Au milieu de la discussion, j'émis une remarque qui fit changer l'ambiance. Je lui dis, vous savez, dans deux jours je serai en train de témoigner devant le Congrès. Que souhaitez-vous que je leur dise, dans cette audition ? Toute l'atmosphère s'en trouva modifiée. » Selon la mise en garde de l'un des avocats des survivants, le World Jewish Congress a « créé toute une industrie de l'Holocauste » et « il se rend coupable en provoquant [...] une abominable résurgence de l'antisémitisme en Europe[84] ».

« Sans les États-Unis d'Amérique, faisait observer à juste titre Eizenstat dans son hymne de reconnaissance au Congrès, nos activités seraient très peu nombreuses – si même il y en avait – à pouvoir continuer aujourd'hui. » Pour justifier la pression exercée sur l'Europe de l'Est, il expliqua que l'un des critères de la morale « occidentale » consistait à « rendre – ou payer des compensations pour – les propriétés communales ou privées illégalement acquises ». Pour les « nouvelles démocraties » d'Europe de l'Est, l'obéissance à ce critère « mesure le chemin parcouru pour passer du totalitarisme au statut d'États démocra-

---

84. Auditions devant l'International Relations Committee, House of Representatives, 6 août 1998. Isabel Vincent, « Who Will Reap the Nazi-Era Reparations ? » in *National Post*, 20 février 1999.

tiques ». Eizenstat est un haut fonctionnaire du gouvernement américain et un chaud partisan d'Israël. Et si l'on considère les demandes des Indiens d'Amérique et des Palestiniens, ni les États-Unis ni Israël n'ont encore réussi ce passage[85].

Dans son témoignage devant la Chambre des représentants, Hirschson évoqua le mélancolique spectacle des « victimes de l'Holocauste dans le besoin », de vieux Juifs de Pologne « qui viennent tous les jours me voir dans mon bureau à la Knesset [...] suppliant qu'on leur permette de retrouver les maisons, les magasins qu'ils ont laissés là-bas ». Pendant ce temps, l'industrie de l'Holocauste doit se battre sur un second front. Les communautés juives locales, rejetant le mandat que s'était abusivement attribué la World Jewish Restitution Organization, ont fait valoir leurs propres revendications sur les biens juifs sans héritiers. Mais pour bénéficier d'une telle demande, un Juif doit adhérer formellement à la communauté locale en question. Le renouveau de la vie juive que l'on attendait est ainsi en train d'avoir lieu, les Juifs d'Europe de l'Est tirant parti de leurs racines récemment découvertes pour se tailler une part du gâteau de l'Holocauste[86].

L'industrie de l'Holocauste s'enorgueillit de consacrer l'argent des réparations à des entreprises charitables. « La charité est une noble cause, fait observer un avocat des véritables victimes, mais ce n'est pas beau de la pratiquer avec l'argent des autres. » L'une des causes charitables les plus prisées est « l'enseignement de l'Holocauste » – le « principal résultat

85. Auditions devant l'International Relations Committee, House of Representatives, 6 août 1998. Eizenstat, actuellement vice-président honoraire de l'AJC, a été le premier président de l'Institut de l'AJC pour les relations israélo-américaines.
86. Auditions devant l'International Relations Committee, House of Representatives, 6 août 1998. Marilyn Henry, « Whose Claim Is It Anyway ? », in *Jerusalem Post*, 4 juillet 1997. Bindenagel, *Washington Conference on Holocaust-Era Assets*, p. 705. Éditorial, « Jewish Property Belongs to Jews » in *Haaretz*, 26 octobre 1999.

de nos efforts » selon Eizenstat. Hirschson a fondé une organisation appelée « la Marche du Vivant », pièce centrale de l'enseignement de l'Holocauste, qui bénéficie largement de l'argent des réparations. Dans ce spectacle d'idéologie sioniste, mettant en scène des milliers de participants, de jeunes Juifs du monde entier convergent vers les camps de la mort en Pologne, où ils reçoivent une instruction de première main sur la malignité des Gentils avant de s'envoler pour trouver le salut en Israël. Le *Jerusalem Report* relate un moment particulièrement kitsch de la Marche : « J'ai si peur, je ne peux plus avancer, je voudrais déjà être en Israël », répète sans fin une jeune femme du Connecticut. Son corps est pris de tremblements [...] Soudain, son ami déploie un grand drapeau israélien. Elle s'en enveloppe avec lui et ils s'en vont. » Un drapeau israélien : surtout ne l'oubliez pas à la maison[87].

À la Conférence de Washington sur les biens de l'Holocauste, David Harris, de l'AJC, déploya toute son éloquence pour vanter « le profond impact » sur la jeunesse juive des pélerinages vers les camps de la mort. Le *Forward* rend compte d'un épisode particulièrement pathétique. Sous le titre « Des adolescents israéliens s'ébattent avec des stripteaseuses après une visite d'Auschwitz », le journal explique que, selon les experts, les étudiants du kibboutz avaient « loué les services de stripteaseuses pour se détendre après les bouleversantes émotions du voyage ». Ce sont sans doute dans les mêmes affres qu'étaient plongés des étudiants juifs quand – toujours d'après le *Forward* – après une visite de l'US Holocaust Memorial Museum, ils « gambadaient par-

---

87. Sergio Karas, « Unsettled Accounts » in *Globe and Mail*, 1er septembre 1998. Stuart Eizenstat, « Remarks », Conference on Jewish Material Claims Against Germany and Austria Annual Meeting, New York, 14 juillet 1999. Tom Sawicki, « 6000 Witnesses » in *Jerusalem Report*, 5 mai 1994.

tout en s'amusant bien, en se chatouillant et tout le reste[88] ». Qui pourrait mettre en cause la sage décision de l'industrie de l'Holocauste, de consacrer l'argent des réparations à l'éducation sur l'Holocauste plutôt que d'« éparpiller les fonds » (Nahum Goldmann) en les distribuant aux survivants des camps de la mort[89] ?

En janvier 2000, des représentants de près de cinquante pays, dont le Premier ministre israélien Ehud Barak, assistaient à une grande conférence consacrée à l'éducation sur l'Holocauste, à Stockholm. La déclaration finale soulignait la « responsabilité solennelle » de la communauté internationale dans la lutte contre le génocide, la purification ethnique, le racisme et la xénophobie. Un journaliste suédois posa une question à Barak sur les réfugiés palestiniens. Barak répondit qu'il était opposé à ce qu'un seul réfugié soit admis en Israël : « Nous ne pouvons accepter aucune responsabilité morale, juridique ou autre, pour les réfugiés. » Il paraît que la conférence fut un immense succès[90].

Une publication officielle de la Claims Conference, le *Guide des réparations et restitutions pour les survivants de l'Holocauste*, propose une liste de dizaines d'organisations affiliées : une vaste bureaucratie bien

88. Bindenagel, *Washington Conference on Holocaust-Era Assets*, p. 146. Michael Arnold, « Israeli Teens Frolic With Strippers After Auschwitz Visit », in *Forward*, 26 novembre 1999. Une représentante de Manhattan, Carolyn Maloney, informa fièrement le House Banking Committee d'un projet de loi qu'elle proposait pour « fournir des subventions du Département de l'éducation aux organisations de l'Holocauste, afin de former des enseignants et de doter en matériel les écoles et les communautés, pour améliorer l'enseignement de l'Holocauste ». Représentant une ville où le système scolaire public manque notoirement de maîtres et de livres, C. Maloney aurait pu trouver d'autres priorités pour les maigres subsides du Département de l'éducation. (Auditions devant le Committee on Banking and Financial Services, House of Representatives, 9 février 2000.)

89. Zweig, *German Reparations and the Jewish World, op. cit.*, p. 118. Goldmann fut le fondateur du Congrès juif mondial et le premier président de la Claims Conference.

90. Marilyn Henry, « International Holocaust Education Conference Begins » in *Jerusalem Post*, 26 janvier 2000. Marilyn Henry, « PM : We have No Moral Obligation to Refugees » in *Jerusalem Post*, 27 janvier 2000. Marilyn Henry, « Holocaust Must Be Seared in Collective Memory » in *Jerusalem Post*, 30 janvier 2000.

huilée a pris naissance. Les compagnies d'assurances, les musées d'art, l'industrie privée, les locataires, les fermiers de la plupart des pays d'Europe sont ses cibles potentielles. Mais les « victimes de l'Holocauste dans le besoin », au nom desquelles agit l'industrie de l'Holocauste, se plaignent de ce qu'elle « ne fait que perpétuer l'expropriation ». Beaucoup ont engagé des procès contre la Claims Conference. Il se pourrait que ce soit l'Holocauste qui apparaisse comme « le plus grand larcin de l'histoire de l'humanité[91] ».

Quand Israël engagea après la guerre les négociations sur les réparations avec l'Allemagne – rapporte l'historien Ilan Pappé –, le ministre israélien des Affaires étrangères Moshe Sharett proposa de verser une partie des sommes perçues aux réfugiés palestiniens, « pour compenser ce qu'on a appelé la "petite injustice" (la tragédie palestinienne) causée par la grande (la Shoah)[92] ». Cette proposition n'eut pas de suites. Un éminent universitaire israélien a suggéré de consacrer une partie des fonds versés par les banques suisses et les firmes allemandes à « l'indemnisation des réfugiés arabes palestiniens ». Presque tous les survivants de l'holocauste étant aujourd'hui décédés, cette proposition semble raisonnable[93].

Dans le plus pur style WJC, Israel Singer fit le 13 mars 2000 une « stupéfiante révélation » : un document américain récemment déclassifié révélait que l'Autriche détenait des biens juifs du temps de l'Holocauste,

---

91. Claims Conference, *Guide to Compensation and Restitution of Holocaust Survivors*, New York, s.d. ; Vincent, *Hitler's Silent Partners*, *op. cit.*, p. 302 (sur l'expropriation, voir pp. 308-309) ; Ralf Eibl, « Die Jewish Claims Conference ringt um ihren Leumund. Nachkommen jüdischer Sklaven... » in *Die Welt*, 8 mars 2000 (les procès). L'industrie des compensations est un sujet tabou aux États-Unis. Le site internet H-Holocaust (www2.h-net.msu.edu), par exemple, censure les messages critiques, même s'ils contiennent une documentation solide (correspondance personnelle avec un membre de l'équipe, Richard S. Levy, 19-21 novembre 1999).

92. Ilan Pappé, *The Making of the Arab-Israeli Conflict, 1947-1951* (trad. fr. par Michel Luxembourg, *La Guerre de 1948 en Palestine*, Paris, La fabrique, 2000, p. 345), Londres, 1992.

93. Clinton Bailey, « Holocaust Funds to Palestinians May Meet Some Cost of Compensation » in *International Herald Tribune*, repris par *Jordan Times*, 20 juin 1999.

non réclamés, pour une valeur de 10 nouveaux milliards de dollars. Singer affirmait également que « cinquante pour cent des œuvres d'art conservées en Amérique proviennent du pillage des biens juifs[94] ». À l'évidence, l'industrie de l'Holocauste donne des signes de folie furieuse.

94. Elli Wohlgelernter, « WJC : Austria Holding $ 10 b. In Holocaust Victims Assets » in *Jerusalem Post*, 14 mars 2000. Dans son témoignage ultérieur devant le Congrès, Singer s'étendit sur l'accusation contre l'Autriche mais – de façon typique – garda un silence discret sur l'accusation contre les États-Unis (Auditions devant le Foreign Relations Committee, United States Senate, 6 avril 2000).

Reste à évaluer l'impact de l'Holocauste aux États-Unis, et pour cela, je m'appuierai encore sur les remarques critiques de Novick.

En dehors même des monuments commémoratifs, dix-sept États de l'Union prescrivent ou recommandent des programmes consacrés à l'Holocauste dans les écoles, et de nombreux collèges et universités ont créé des chaires d'études de l'Holocauste. Une estimation prudente du nombre de travaux de recherche sur la Solution finale donne un chiffre supérieur à 10000. Comparons avec la recherche sur l'hécatombe au Congo. De 1891 à 1911, quelque dix millions d'Africains ont trouvé la mort au cours de la mise en exploitation par les pays européens de l'ivoire et du caoutchouc congolais. Mais le premier – et le seul – ouvrage sérieux en anglais sur le sujet n'est paru qu'il y a deux ans[1].

Étant donné le nombre d'institutions et de professionnels qui se consacrent à préserver sa mémoire, l'Holocauste est désormais profondément enracinée dans la vie américaine. Est-ce une bonne chose ? Là-dessus, Novick exprime des doutes. Tout d'abord, il cite de nombreux cas de pure et simple vulgarisation. De fait, il est difficile de trouver une seule cause

1. Adam Hochschild, *Les Fantômes du roi Léopold : un holocauste oublié*, trad. fr. par Marie-Claude Elsen et Franck Straschitz, Belfond, 1998.

politique – qu'il s'agisse de la défense de la vie ou du libre choix des femmes, des droits des animaux ou des droit des États – qui n'ait pas enrôlé l'Holocauste sous sa bannière. Élie Wiesel, critiquant les utilisations de mauvais goût, déclara : « Je jure d'éviter [...] les spectacles vulgaires[2]. » Mais Novick note que « la photographie utilisant l'Holocauste de la façon la plus subtilement imaginative est parue en 1996, quand Hillary Clinton, alors sous le feu croisé de diverses accusations, apparut dans la tribune de la Chambre des Représentants pendant le Discours sur l'état de l'Union prononcé par son mari devant toutes les télévisions du pays, avec à ses côtés sa fille Chelsea et Élie Wiesel[3] ». Pour Hillary Clinton, les réfugiés du Kosovo chassés par les Serbes pendant les bombardements de l'OTAN faisaient penser aux scènes de l'Holocauste dans *La Liste de Schindler*. « Ceux qui apprennent l'histoire dans les films de Spielberg, remarquait amèrement un dissident serbe, ne devraient pas avoir de conseils à nous donner[4]. »

« Prétendre que l'Holocauste fait partie de la mémoire de l'Amérique, continue Novick, est un alibi moral. » Il permet « de se décharger de responsabilités qui *en réalité* incombent aux Américains, confrontés à leur passé, leur présent et leur futur[5] ». C'est là un point très important. Il est beaucoup plus facile de déplorer les crimes des autres que de regarder devant sa porte. Mais il est vrai aussi que si nous le voulions, nous pourrions apprendre beaucoup sur nous-mêmes à partir de l'expérience nazie. L'idéologie et le programme de Hitler, la revendication du *Lebensraum* ne sont pas sans antécédents. Hitler a

---

2. Wiesel, *Against Silence*, *op. cit.*, vol. III, p. 190 ; voir vol. I, p. 186, vol. II, p. 182, vol. III, p. 242 ; Wiesel, *Et la mer*, *op. cit.*, p.15.
3. Novick, *The Holocaust*, *op.cit.*, pp. 230-231.
4. *New York Times*, 25 mai 1999.
5. Novick, *The Holocaust*, *op.cit.*, p. 15 (Les italiques sont dans l'original).

modelé sa conquête de l'Est sur la conquête de l'Ouest par les Américains[6]. Dans la première moitié du XXe siècle, une majorité d'États américains a promulgué des lois autorisant la stérilisation et des dizaines de milliers d'Américains ont été stérilisés contre leur gré. Les nazis invoquèrent explicitement ce précédent au moment où ils mirent en œuvre leurs propres lois sur la stérilisation[7]. En 1935, les fameuses lois raciales de Nuremberg dépouillèrent les Juifs de leur droit de vote et interdirent le mélange des sangs entre Juifs et non-Juifs. Dans le Sud américain, les Noirs ont souffert des mêmes entraves légales et ont subi une violence populaire, spontanée et autorisée, bien pire que celle qui s'est abattue sur les Juifs dans l'Allemagne d'avant-guerre[8].

Pour fustiger les crimes qui se déroulent au dehors, les États-Unis invoquent souvent la mémoire de l'Holocauste. Ce qui est révélateur, ce sont les *circonstances*. Les crimes des ennemis officiels – les Khmers rouges au Cambodge, les Soviétiques en Afghanistan, les Serbes au Kosovo – amènent à évoquer l'Holocauste, mais non les crimes dont les États-Unis sont complices.

Au moment même où les Khmers rouges commettaient leurs atrocités au Cambodge, le gouvernement indonésien, soutenu par les États-Unis, massacrait un tiers de la population du Timor oriental.

---

6. John Toland, *Adolf Hitler*, New York, 1976, p.702 ; Joachim Fest, *Hitler*, *op. cit.*, p. 214, 650. Voir aussi Finkelstein, *Image and Reality, op. cit.*, chap. 4.

7. Voir par exemple Stefan Kühl, *The Nazi Connection*, Oxford, 1994.

8. Voir, par exemple, Leon F. Litwack, *Trouble in Mind*, New York, 1998, chap. 5-6. On trouve aussi des germes du nazisme dans la fameuse tradition occidentale. Pour justifier l'élimination des handicapés – avant-goût de la Solution finale –, les médecins nazis ont utilisé le concept de « vie qui ne vaut pas d'être vécue » (*lebensunwertes Leben*). Dans le *Gorgias*, Platon écrit qu'il ne voit pas que la vie en vaille la peine si le corps est en trop mauvais état. Dans *La République*, il approuve le meurtre des enfants malformés. L'opposition de Hitler au contrôle des naissances, sous le prétexte qu'il interfère avec la sélection naturelle, est dans une certaine mesure préfigurée par Rousseau dans son *Discours sur les origines de l'inégalité*. Peu après la Seconde Guerre mondiale, Hannah Arendt émit l'idée que « le courant souterrain de l'histoire occidentale est finalement venu à la surface et a usurpé la dignité de notre tradition ». (*Les Origines du totalitarisme*, *op.cit.*, IX.)

Mais à la différence du Cambodge, le génocide du Timor n'appelait pas la comparaison avec l'Holocauste. C'est tout juste si on en parlait dans les médias[9]. En même temps que l'Union soviétique commettait ce que le Simon Wiesenthal Center appelait « un nouveau génocide » en Afghanistan, le gouvernement du Guatemala soutenu par les États-Unis perpétrait ce que la Commission pour la vérité au Guatemala qualifiait de « génocide » contre la population maya. Le président Reagan écarta les accusations contre le gouvernement guatémaltèque en les traitant de « bobards » (*bum rap*). Rendant hommage à Jeane Kirkpatrick dans son rôle d'apologiste des crimes de l'administration Reagan en Amérique centrale, le Simon Wiesenthal Center lui décerna le Prix humanitaire de l'année (Humanitarian of the Year Award)[10]. On adjura en privé Simon Wiesenthal de revoir sa position avant la remise du prix. Il refusa. Élie Wiesel à qui l'on demanda, en privé également, d'intercéder auprès du gouvernement israélien pour faire cesser les livraisons d'armes aux bouchers guatémaltèques, refusa lui aussi. L'administration Carter invoquait le souvenir de l'Holocauste quand elle cherchait une terre d'accueil pour les « boat people » vietnamiens fuyant le régime communiste. L'administration Clinton avait oublié l'Holocauste quand elle refoulait les « boat people » haïtiens fuyant les escadrons de la mort payés par les Américains[11].

La mémoire de l'Holocauste se trouva propulsée au premier plan quand l'OTAN, emmené par les États-Unis, commença à bombarder la Serbie au printemps

---

9. Voir par exemple Edward Herman et Noam Chomsky, *The Political Economy of Human Rights*, vol. I : *The Washington Connection and Third World Fascism*, Boston, 1979, pp. 129-204.

10. *Response*, mars 1983 et janvier 1986.

11. Noam Chomsky, *Turning the Tide*, Boston, 1985, p. 36 (interview de Wiesel dans la presse israélienne) ; Berenbaum, *World Must Know*, *op.cit.*, p. 3.

1999. Daniel Goldhagen, on l'a vu, comparait les crimes serbes contre le Kosovo à la Solution finale et, à la demande du président Clinton, Élie Wiesel rendit visite aux camps de réfugiés en Macédoine et en Albanie. Mais avant que Wiesel aille ainsi verser une larme de commande sur le sort des Kosovars, le régime indonésien soutenu par les États-Unis avait repris le travail là où il l'avait laissé dans les années 1970, en commettant de nouveaux massacres au Timor oriental. L'Holocauste s'était évanoui dans les mémoires au moment où l'administration Clinton couvrait ce bain de sang. Comme l'expliquait un diplomate occidental, « l'Indonésie, c'est important. Timor, ça ne compte pas[12] ».

Novick met l'accent sur la complicité des États-Unis dans des désastres humains qui, tous différents qu'ils soient de l'extermination nazie, sont de même ampleur. Prenant par exemple le cas du million d'enfants tués au cours de la Solution finale, il fait remarquer que les présidents américains se sont toujours contentés de pieuses paroles, alors qu'il meurt chaque année dans le monde « de malnutrition et de maladies curables » un nombre d'enfants plusieurs fois supérieur[13]. Il existe dans ce domaine au moins un cas de complicité active. Après qu'une coalition dirigée par les États-Unis a dévasté l'Irak en 1991 pour punir « Saddam-Hitler », l'Amérique et l'Angleterre ont imposé des sanctions meurtrières à ce malheureux pays, avec le but de se débarrasser de son dictateur. Il est probable qu'un million d'enfants en sont morts, soit autant que dans l'holocauste nazi[14]. Interrogée à la télévision nationale sur cette épouvantable hécatombe, Madeleine Albright répondit que « ce prix est justifié » (*the price is worth it*).

---

12. *Financial Times*, 8 septembre 1999.
13. Novick, *The Holocaust*, *op.cit.*, p. 255.
14. Voir sur ce point Geoff Simons, *The Scourging of Iraq*, New York, 1998.

«Le caractère extrême de l'Holocauste, écrit Novick, limite sérieusement la possibilité d'en tirer des leçons applicables à notre environnement quotidien.» En tant qu'«étalon de mesure de l'oppression et de l'atrocité», il tend à «banaliser les crimes de moindre amplitude[15]». Mais l'holocauste nazi peut aussi sensibiliser à des injustices. Vu à travers le prisme d'Auschwitz, ce qui était considéré auparavant comme acceptable – les préjugés racistes par exemple – ne peut plus l'être[16]. C'est l'holocauste nazi qui a discrédité le racisme scientifique, si envahissant dans la vie culturelle américaine avant la Seconde Guerre mondiale[17].

Pour ceux qui cherchent à améliorer les relations entre les hommes, l'existence d'une pierre de touche du mal incite aux comparaisons. Dans l'univers moral de la fin du XIXe siècle, l'esclavage occupait une place comparable à celle de l'holocauste nazi aujourd'hui. De ce fait, il était souvent invoqué pour mettre en lumière certains maux dont la gravité n'était pas assez patente. John Stuart Mill comparait la condition de la femme, dans cette sacro-sainte institution qu'était la famille victorienne, à l'esclavage. Il avançait même que par certains aspects essentiels, elle était plutôt pire. «Je suis loin de prétendre que dans l'ensemble les femmes ne sont pas mieux traitées que les esclaves ; mais aucun esclave n'est aussi profondément esclave, aussi esclave au sens fort du mot, qu'une épouse[18].» Seuls ceux qui utilisent le mal-étalon non comme une boussole morale mais comme une matraque idéologique répugnent à de telles mises en parallèle. «Ne pas comparer», tel est le leitmotiv des maîtres-chanteurs moraux[19].

---

15. Novick, *The Holocaust*, *op.cit.*, pp. 244, 14.
16. Voir en particulier, Chaumont, *La Concurrence des victimes*, *op.cit.*, pp. 316-318.
17. Voir, par exemple, Carl N. Degler, *In Search of Human Nature*, Oxford, 1991, p. 202
18. John Stuart Mill, *On the Subjection of Women*, 1869, réed. Cambridge, 1991, p. 148.
19. Il est tout aussi répugnant d'utiliser la comparaison avec l'holocauste nazi, comme le propose Michael Berenbaum, uniquement pour «faire la preuve de son caractère unique». (*After Tragedy*, *op.cit.*, p. 29)

Les organisations juives américaines exploitent l'holocauste nazi pour écarter les critiques envers l'État d'Israël et envers leur propre politique, qui est moralement indéfendable. La poursuite de cette politique a placé Israël et les milieux juifs américains dans une situation structurellement semblable : leur destin commun est suspendu à un fil fin dont l'extrémité est tenue par les élites dirigeantes américaines. Si jamais celles-ci décident qu'Israël est devenu gênant ou qu'on peut sacrifier les Juifs américains, le fil peut être coupé. Bien sûr, il s'agit là de spéculations –peut-être indûment alarmistes, mais peut-être pas.

Si de telles éventualités se produisent, c'est un jeu d'enfant que de prédire la position des élites juives américaines. Si les États-Unis cessent de soutenir Israël, parmi les dirigeants qui sont aujourd'hui ses vaillants défenseurs, beaucoup manifesteront courageusement leur désaffection à l'égard de l'État juif et critiqueront durement les Juifs américains qui font d'Israël leur religion. Et si les milieux dirigeants américains font des Juifs leur bouc émissaire, il ne serait pas étonnant de voir les notables juifs agir exactement comme leurs prédécesseurs durant l'holocauste nazi. « Nous ne pouvions pas nous imaginer que les Allemands allaient utiliser l'élément juif –rappelle Yitzhak Zuckerman, l'un des chefs de l'insurrection du ghetto de Varsovie–, que des Juifs allaient conduire des Juifs à la mort[20]. »

Durant les années 1980, dans une série d'échanges publics, plusieurs intellectuels de renom, allemands comme non-allemands, prirent position contre la « banalisation » (*normalizing*) des infamies du nazisme. Leur crainte à tous était que cette banalisation ne donne lieu à une certaine complaisance

20. Zuckerman, *A Surplus of Memory*, *op.cit.*, p. 210.

morale[21]. Même si cet argument pouvait avoir sa validité à cette époque, il n'emporte plus la conviction. La stupéfiante échelle de la Solution finale est désormais bien connue. Et l'histoire « normale » de l'humanité n'est-elle pas pleine de terrifiants chapitres d'inhumanité ? Il n'est pas nécessaire qu'un crime soit hors norme pour mériter d'être reconnu, moralement et matériellement. Aujourd'hui, le but doit être de ramener l'holocauste nazi à un sujet d'investigation rationnelle. C'est la condition pour pouvoir en tirer des enseignements. L'anormalité de l'holocauste nazi ne provient pas de l'événement lui-même mais de l'exploitation industrielle qui s'est développée autour de lui. L'industrie de l'Holocauste a toujours été en faillite morale, et cette faillite doit être maintenant publiquement déclarée. Il n'est que temps de faire cesser cette affaire. L'attitude la plus respectueuse envers ceux qui sont morts est de protéger leur mémoire, de tirer enseignement de leur souffrance et de les laisser enfin reposer en paix.

21. Je fais référence à la fois à l'*Historikerstreit*, la « querelle des historiens », et à la correspondance publiée entre Saul Fridländer et Martin Broszat. Dans les deux cas, le débat tournait essentiellement sur la nature absolue/relative des crimes nazis ; par exemple, la validité ou non de la comparaison avec le Goulag. Voir Peter Baldwin (sous la dir. de), *Reworking the Past*, Richard J. Evans, *In Hitler's Shadow*, New York, 1989 ; James Knowlton et Truett Cates, *Forever in the Shadow of Hitler ?*, Atlantic Highlands, NJ, 1993 ; Aharon Weiss (sous la dir. de), Yad Vashem Studies XIX, Jérusalem, 1988.

Postface

Il y a un État, et il est différent de tous
les autres. Il est juif, et pour cela
il est plus humain que n'importe quel autre.
Elie Wiesel, Kansas City, 1970[1].

Lorsque La Fabrique m'a demandé de rédiger une postface pour la traduction française de ce livre, j'ai hésité. J'avais déjà lu *L'Allemagne en procès* du même Finkelstein, dont j'avais apprécié la verve polémiste. Mais que diable avais-je à dire sur *L'Industrie de l'Holocauste*? Les questions relatives aux « stratégies victimaires » et à l'instrumentalisation de la mémoire font certes partie du quotidien de l'action humanitaire, surgissant dans nombre de conflits, du Rwanda à l'Arménie et de l'Irlande du Nord à l'ex-Yougoslavie. Cela ne suffisait cependant pas, et c'est la reprise des violences au Proche-Orient qui m'a incité à accepter d'écrire ce texte. Ce fut, en effet, une nouvelle occasion de constater à quel point l'invocation des souffrances d'hier sert à relativiser, voire à justifier des violences d'aujourd'hui qui ne sont pas plus tolérables. Ce qui se passe en Israël et dans les territoires occupés semble placé sous le signe d'une singularité ontologique, communément traduite dans la formule: « Ce n'est pas la même chose. » Qu'il s'agisse de terres conquises à restituer ou de droit au retour des réfugiés, ce qui vaut ailleurs – en droit, sinon en fait – échappe ici à l'ordre du politique. Comme à l'accoutumée, des institutions communautaires ont enrôlé les Juifs de France dans un « soutien inconditionnel » à Israël lors du soulèvement palestinien de l'Intifada des mosquées. Cette réaction fusionnelle a suscité de vives réactions de protestation et des prises de position critiques vis-à-vis de l'« État juif », dont j'ai été partie prenante. C'est dans ce contexte, qu'il me fallait préciser d'entrée de jeu, que j'ai rédigé cette postface.

Le hasard, ce précieux auxiliaire de l'imagination, me mit alors en contact avec l'un des protagonistes de l'*Holocaust Industry*, invité d'une émission de France Inter que j'écoutais au moment de me mettre à écrire. Elie Wiesel y évoquait ses souvenirs de la guerre des Six jours, la « grande joie » qu'il avait éprouvée à l'annonce de la victoire d'Israël, son voyage sur place et son émotion devant des « soldats tristes d'avoir tiré », devant une armée victorieuse s'abstenant de célébrer le triomphe par un quelconque défilé militaire. Il est vrai que Moshé Dayan avait demandé aux parachutistes qui avaient planté le drapeau israélien sur le Dôme du Rocher, lors de la prise de la vieille ville de Jérusalem, de l'enlever et de quitter l'esplanade des Mosquées. Mais de cela, il ne fut pas question au cours de l'émission. Cela aurait pourtant permis de mieux saisir la dimension provocatrice de l'« escapade » de Sharon qui a rallumé la colère palestinienne.

Revenant à notre époque, le lauréat du prix Nobel de la paix affirmait qu'il « préférerai[t] qu'il n'y ait pas de violence au Proche-Orient » et s'attristait devant la ruine des rêves de paix et de coexistence pacifique. Le contraire aurait surpris. Des rêves d'idéaliste, soulignait-il, mais des rêves auxquels il avait voulu croire de toutes ses forces, en homme qui sait le prix de la haine. À l'animateur qui lui demandait s'il n'avait pas été heurté par la réprobation de la presse française concernant la répression de la nouvelle Intifada par l'armée israélienne, il répondait qu'« il est trop facile de juger ». Il préférait penser à l'avenir, imaginer un dialogue entre jeunes

Palestiniens et Israéliens, affirmer sa gratitude envers la science et les espoirs qu'elle porte, rappeler le « Discours du millénaire » qu'il avait prononcé à la Maison Blanche l'année précédente et qu'il avait voulu intituler « Le Péril d'indifférence ». Un titre qui renvoyait à cette profession de foi lancée au monde lors de son discours de réception du prix Nobel de la paix, en 1986 : « J'ai juré de ne jamais me taire lorsque des êtres humains sont persécutés ou humiliés. »

Trente-trois ans après la guerre des Six jours, ce maître à penser n'a pas trouvé les mots que Moshé Dayan – encore lui – le stratège de l'occupation des territoires palestiniens en 1967, prononçait un an plus tard, devant la tombe d'un soldat israélien tué à Gaza : « N'accusons pas ceux qui ont tué ce garçon et ne nous plaignons pas de leur haine. Cela fait huit ans qu'ils vivent dans des camps de réfugiés à Gaza, tandis que nous, ici, sous leurs yeux, sommes en train de nous approprier les terres et les villages dans lesquels ils vivaient, eux et leurs ancêtres. » À l'heure où j'écris, l'occupation israélienne se poursuit, l'appropriation des terres par la création de nouvelles colonies s'intensifie depuis les accords d'Oslo et des centaines de Palestiniens sont tombés au cours des dernières semaines sous les balles de l'armée israélienne. La sensibilité vibrante d'Elie Wiesel ne semble pas en avoir été affectée. Ses véritables sentiments sur la situation au Proche-Orient, il les avait clairement exprimés dans un discours donné quelques semaines auparavant, lors d'une manifestation de soutien à Israël : « Nous soutenons Israël, et nous remarquons que la violence lui a été imposée malgré lui par l'intransigeance du dirigeant de l'Autonomie palestinienne. Ceux d'entre nous qui rejettent la haine et le fanatisme et qui considèrent la Paix comme l'ultime noblesse, sont forcés de reconnaître Yasser Arafat pour ce qu'il est : un être ignorant, retors et indigne de confiance. [...] C'est avec le cœur lourd que nous déclarons que nos rêves de paix se sont envolés dans les fumées des synagogues saccagées, dans les lynchages et les dépeçages de soldats israéliens prisonniers et dans les foules assoiffées de sang qui crient leur vision d'un Jérusalem sans Juifs et d'un Proche-Orient sans Israël. Et je tiens pour responsable le dirigeant suprême des Palestiniens, Yasser Arafat. [...] Jérusalem est le rêve de nos rêves, la lumière qui illumine nos moments les plus sombres. Sa légitimité réside dans sa souveraineté. S'opposer à l'une d'elles revient à dénier l'autre. Israël ne l'abandonnera jamais. » Tous ceux qui l'applaudissaient étaient sans doute prêts à se battre pour Jérusalem jusqu'au dernier Israélien. Les mêmes n'avaient-ils pas activement soutenu l'occupation israélienne du Sud-Liban, qui coûta inutilement la vie, en plus de celle de milliers de civils libanais et palestiniens, à douze cents soldats hébreux ?

« Synagogues saccagées », « lynchages », « foules assoiffées de sang », le thème de la légitime défense a quelque chose d'étrange, s'agissant d'un conflit qui met aux prises un peuple occupé et une armée d'occupation. Et pourtant il passe, puisque l'auteur de ces violences verbales n'a pas eu à s'en expliquer, ni dans cette émission de radio, ni ailleurs. Pas plus qu'il n'a eu à expliquer pourquoi, lui qui fréquente les chefs d'États comme d'autres leurs collègues de travail, n'a jamais rencontré Arafat, ne serait-ce qu'en tant que prix Nobel de la paix.

Bien loin des diatribes de l'apôtre Wiesel, le constat lucide de Moshé Dayan le soldat rejoint celui d'Ami Ayalon le policier, ancien chef des services de sécurité intérieure israéliens, qui critiquait récemment le « système d'apartheid » dans les territoires palestiniens et déplorait qu'Israël n'avance dans le processus de paix qu'après une explosion de violence. Ni l'un ni l'autre ne peuvent passer pour des ennemis d'Israël. Mais l'un et l'autre expliquent suffisamment – pour ceux qui ne seraient pas disposés à entendre les voix palestiniennes – les raisons de la réprobation de la politique israélienne, dans laquelle Elie Wiesel, et derrière lui de nombreux fidèles de la Mémoire de la Shoah, ne veulent voir qu'une nouvelle manifestation de l'hostilité séculaire à l'encontre des Juifs.

Si de telles tartufferies sur la paix, l'enfance, le dialogue, peuvent être proférées dans ce contexte sans susciter autre chose qu'une admiration confite, ce n'est pas seulement parce que les poses sentencieuses occupent généralement une large part de l'espace public. C'est aussi parce qu'elles renvoient explicitement à une relation triangulaire Juifs-Israël-Shoah, imposée comme indissociable et devenue dans l'histoire récente le ressort fondamental de la capacité d'intimidation morale exercée aussi bien par Israël dans le champ diplomatique que par ses défenseurs dans les débats publics. Critiquer la politique d'annexion d'Israël, c'est alors critiquer les Juifs et déclencher le soupçon, affirmé ou suggéré, d'antisémitisme. Que celui-ci puisse se cacher sous le masque de l'antisionisme, c'est ce que Garaudy et ses épigones négationnistes nous rappelleraient, si nous l'avions oublié. Mais que le soutien aux Palestiniens dans leurs droits suffise à exposer à cette accusation infamante, voilà ce que l'on appelle du chantage intellectuel. Elie Wiesel est la figure publique la plus médiatisée et la mieux en cour de cette tendance, aussi bien en Europe qu'en Amérique, et c'est naturellement à ce titre qu'il assure le lien entre le livre et cette postface.

Ce que Finkelstein décrit aux États-Unis existe bien en France. Du moins en ce qui concerne l'attitude envers Israël de gens qui condamnent occupation, spoliation et torture, lorsque c'est un autre État qui s'en rend coupable. Mais l'économie d'extorsion mise en place par certaines institutions juives et par des *lawyers* américains, décrite sans fard dans le troisième chapitre du livre, reste largement un phénomène d'outre-Atlantique. Elle fut d'ailleurs critiquée sans ménagement par des personnalités juives de France. Mais ce n'était pas suffisant et les informations précises qu'apporte Norman Finkelstein sur cette entreprise devaient être publiées, non pas en dépit, mais en raison même de leur caractère choquant. Ce sont des faits et, en tant que tels, ils méritent d'être connus.

Certains points du livre, secondaires par rapport au propos central, n'emportent pas ma conviction, je l'avoue. On quitte, me semble-t-il, le terrain des faits pour celui de l'interprétation et de la spéculation, voire de la propagande, lorsqu'on lit que le blocus de l'Irak aurait fait un million de morts, par famine et absence de soins médicaux, au cours de ces dix dernières années. Repris par quelques mouvements politiques et organisations humanitaires, ce chiffre ne repose sur aucune observation, un tel cataclysme ne pouvant passer inaperçu. Le blocus contre l'Irak est sans aucun doute inique, injustifiable, et les attaques aériennes régulières contre ce pays relèvent du terrorisme d'État. Il n'en reste pas moins que le principal problème des Irakiens est le régime sanglant et corrompu de Saddam Hussein. Celui-là même que la France et les États-Unis ont par ailleurs soutenu dans sa guerre d'agression contre l'Iran pendant dix ans, jusqu'au retournement de 1990, lorsque notre ancien «ami» est devenu le nouvel «Hitler du Proche-Orient».

De même, si je partage le point de vue critique de l'auteur sur la sacralisation du génocide des Juifs, il me semble excessif et stérile d'établir une sorte de parallèle entre les victimes du capitalisme et celles des camps de concentration de l'Allemagne nazie. De même, sans entrer dans le décompte des cadavres du communisme, je refuse de prendre pour argent comptant les appels de Fidel Castro à un « Nuremberg de l'ordre économique capitaliste ». L'ordre politique communiste ne serait pas en reste, si l'on ose dire, devant un tribunal jugeant les crimes de masse du XXe siècle.

Quant à la thèse de l'auteur selon laquelle les Juifs américains n'ont soutenu Israël qu'après 1967, lorsque ce pays, ayant alors démontré sa force, est devenu un allié stratégique pour les États-Unis, elle est également contestable. Faute de compétence en la matière, je me contenterai de relever que, pour d'autres historiens[2], une partie significative du judaïsme américain a œuvré activement à la création de l'État d'Israël dès les lendemains de la Seconde Guerre mondiale. Ce qui, au demeurant, ne contredit pas le fait que la guerre de juin 67 a effectivement remanié en profondeur les relations entre les Juifs de la diaspora et Israël. Aux États-Unis comme en France, Israël est alors devenu la religion civile d'un nombre croissant de Juifs. Pour Georges Bensoussan, « la guerre des Six jours est l'épreuve maturante qui bouleverse le judaïsme français. Durant les trois semaines précédant le conflit de juin 67, à tort ou à raison, les Juifs de France craignent la répétition du génocide et se découvrent, à travers Israël, un double attachement : à une mémoire enfouie et à un avenir précaire[3]. » Cette adhésion s'est donc manifestée au même moment des deux côtés de l'Atlantique. Un tel parallèle donne à penser que les raisons de ce soutien peuvent être cherchées ailleurs que dans la construction d'une position de défenseurs des intérêts américains, désormais indissociables de ceux d'Israël. La mémoire des ghettos et des camps, jusqu'alors inaudible en dépit de la publication de plus de cent livres de témoins rescapés des camps dans l'immédiat après-guerre, commençait à se faire entendre dans les années 1960. Le procès Eichmann, tenu à Jérusalem en 1961, couvert par plus de six cents journalistes du monde entier, avait joué un rôle primordial dans ce réveil. Pour la première fois dans le procès d'un criminel nazi, ce furent les rescapés juifs (plus de cent témoins déposèrent à la barre du tribunal de Jérusalem) qui s'exprimèrent. La secousse fut violente, y compris en Israël où l'historiographie officielle célébrait longuement les héros insurgés de la révolte du ghetto de Varsovie et ne traitait que fugitivement de la terreur concentrationnaire. À Jérusalem comme à Paris, l'époque était encore à la construction de récits édifiants exaltant la ferveur patriotique et non à la mémoire terrifiée des rescapés, que le monde découvrit lors du procès de Jérusalem. C'est cette construction qui était en train de se transformer avant la guerre des Six jours, mais pour passer d'une forme de piété nationaliste à une autre. « [Le procès Eichmann] eut peut-être pour effet d'interdire aux Arabes de terminer ce que Hitler avait commencé en s'attaquant à Israël, le pays où s'étaient installés les survivants[4] », écrivait en 1966 Gideon Hausner, le procureur général de l'État hébreu, qui dirigeait l'accusation lors de ce procès[5].

Dans ce contexte, la guerre de juin 67 fut un choc : « D'Israël menacé de génocide ("les frontières d'Auschwitz", disait Abba Eban en parlant des lignes de cessez-le-feu de 1949) au souvenir de la Shoah, on pouvait faire le lien. Il fut fait[6]. » Quelques années après le procès Eichmann, avec cette notion de « frontière d'Auschwitz » reprise à son compte par Raymond Aron, Israël se réaffirme comme le refuge des rescapés menacé par de nouveaux Hitler. Le lien avec la barbarie nazie est d'autant plus fort qu'il est à l'origine même de l'État juif, comme l'écrit l'historien Elie Barnavi : « Au sortir de la guerre, la vision d'horreur des camps de la mort, la découverte de l'étendue du désastre, [...] les centaines de milliers de survivants hébétés, tout cela investit les thèses sionistes de la simplicité de l'évidence : pour que cela ne se reproduise plus, il faut aux Juifs une terre à eux. [...] Pour choquant que cela puisse paraître, Hitler a certainement été le levier le plus puissant dans l'édification de l'État juif. » De levier, ce lien est vite devenu un argument *ad hoc* de la politique israélienne, une ressource de légitimation constitutive des relations avec les Arabes, opportunément transformés en héritiers idéologiques du nazisme. La majorité des Juifs d'Europe n'a cependant pas choisi l'émigration en Israël dans les années suivant la guerre. « Cet échec, dit Tom Segev, engendra une grande confusion idéologique [en Israël]. Il fallut donc renforcer l'idéologie sioniste par de sombres prédictions sur l'avenir de la communauté juive mondiale, évoquant la menace d'un nouvel holocauste[7]. »

L'invocation du supplice des Juifs d'Europe à propos du conflit israélo-arabe justifiait par avance la conquête de territoires et la mise en place d'un régime d'exception sur tout un peuple. Cette légitimité allait désormais se mêler intimement à une autre légitimité, celle que le sionisme historique tire de la Bible comme titre de propriété sur la terre de Palestine[8]. Les modifications des manuels scolaires, reflets en Israël comme ailleurs des grands mythes nationaux, sont révélateurs de ce changement : de quelques paragraphes, on passe à partir de 1967 à des centaines de pages consacrées exclusivement au génocide. C'est à cette période que la mémoire de la catastrophe devient un instrument politique majeur au service de la doctrine des fondateurs de l'État hébreu, « appliquée depuis les premiers jours du peuplement agricole : on n'abandonne ni position ni territoire, sauf sous la contrainte d'une force supérieure[9] ». Force est de reconnaître le succès de cette stratégie, tant sur la scène internationale, sous la protection sourcilleuse des États-Unis, qu'en Europe. En France cependant, contrairement aux États-Unis, la « politique arabe » des gouvernements successifs est un sujet de critique permanente des institutions juives. Pour celles-ci, toute mesure prise par Israël doit être défendue, le combat pour la survie et la référence biblique imposant une fidélité sans faille.

Ce loyalisme s'amplifie et s'approfondit à mesure que se transforme, au cours des années 1970, la mémoire de la Seconde Guerre mondiale. En France, *Le Chagrin et la Pitié*, le film de Marcel Ophuls sur la collaboration, réalisé en 1969 et interdit de diffusion télévisée pendant douze ans, indique l'amorce du déclin du « mythe résistantialiste » national, cette vision héroïsante d'un peuple tout entier rassemblé contre l'occupant, défendue conjointement par les gaullistes et les communistes. Le « miroir brisé » de cette représentation épique va bientôt laisser place, à la fin des années 1970 et plus encore dans les années 1980, à l'« obsession mémorielle[10] ». La série télévisée *Holocauste*, puis, dans un ordre radicalement différent, *Shoah* (1985), le film de Claude Lanzmann, sont des marqueurs essentiels de cette période. L'ère du « devoir de mémoire » est ouverte, que le procès Papon va porter quelques années plus tard à son point d'incandescence. La mémoire de la Shoah et le soutien à Israël, indistinctement mêlés, s'imposent désormais et massivement comme la nouvelle carte d'identité juive.

Nimbés de cette aura morale que leur confère le statut de descendants des victimes du Mal absolu, les soldats israéliens recevaient en 1988, peu après le début de l'Intifada, l'autorisation officielle de torturer. Ironie de l'Histoire, c'est Moshé Landau, président du tribunal qui avait jugé Eichmann, devenu entre-temps président de la Cour suprême d'Israël, qui légalisa la torture. Ce pays est ainsi devenu le seul au monde, non pas à pratiquer la torture, mais à le faire de manière légale, sous le délicat euphémisme de

« pressions physiques modérées ». Comme si cette histoire n'était pas assez tragique, la police palestinienne a repris à son compte les « techniques d'interrogatoire » israéliennes contre ses opposants. Mais que la terreur nazie ait pu servir de toile de fond à des pratiques de terreur, si limitées soient-elles, voilà ce dont les tenants d'un devoir de mémoire devraient rendre compte. Pour calmer cette douloureuse contradiction, il suffit jusqu'à présent de la recouvrir de poncifs du type « Plus jamais ça ! », de considérations métaphysiques sur l'« unique unicité » et l'« incomparable ». Ce discours, outre qu'il place de paisibles citoyens français ou américains que rien ne menace dans la situation valorisante de porte-parole des parias disparus, a pour effet, et souvent explicitement pour but, de rendre insignifiantes les violences d'aujourd'hui, exercées à l'ombre de l'inconcevable boucherie d'hier. « Les Palestiniens, explique Edward Said, sont les victimes des victimes. Voilà pourquoi les libéraux occidentaux qui se sont ouvertement mobilisés contre l'apartheid, pour les sandinistes nicaraguayens ou la Bosnie, pour le Timor occidental, les droits civiques américains, pour la commémoration du génocide arménien par les Turcs et beaucoup d'autres causes du même ordre, n'ont pas osé soutenir franchement l'autodétermination palestinienne[11]. »

Les nations aiment se décrire dans leur histoire tantôt sous les traits de la victime, tantôt sous ceux du héros. Si Israël réussit le tour de force d'être simultanément l'un et l'autre, c'est en s'appropriant, dans un rituel aux visées explicites, la geste des insurgés du ghetto de Varsovie : « La Shoah constitue la base légitime de notre entreprise. Notre armée tire sa force et sa puissance du martyr sacré de l'holocauste et des héros de la révolte [du ghetto de Varsovie][12]. »

Les choses changent cependant, comme le montrent notamment les travaux de ce groupe informel dit des « nouveaux historiens » israéliens. Les accords d'Oslo ont eu, à défaut d'autre chose, le mérite de rendre irréversible la reconnaissance politique mutuelle, préalable à toute discussion. Ils ont eu pour conséquence de faire émerger au plan de l'évidence politique une réalité que, du côté juif, seule une petite poignée de « gauchistes » et d'universitaires cherchait à exposer, celle d'un peuple expulsé de sa terre. Le grand mythe des pères fondateurs, « une terre sans peuple pour un peuple sans terre », est en morceaux. L'histoire vraie de l'expulsion des Palestiniens, écrite d'après les archives israéliennes, secoue l'imaginaire d'Israël tandis que le rêve d'un État « juif laïque », étrange oxymore, craque sous le poids croissant des religieux. Cette reconnaissance n'a certes pas empêché les différents gouvernements qui se sont succédé à Jérusalem de mettre les accords d'Oslo à profit pour amplifier et cimenter, au sens littéral, leur emprise sur les territoires occupés. Elle n'a pas empêché non plus l'armée israélienne de tirer sur ses propres citoyens, des manifestants arabes israéliens. Elle permet toutefois à des organisations regroupant des Israéliens et des Palestiniens, non pas d'exister car elles sont antérieures aux accords, mais de mieux se faire entendre, par-delà les accusations et les dénigrements de leurs adversaires.

Ces transformations ne semblent pourtant pas affecter, hors d'Israël, les adeptes d'une « mémoire de guerre froide », pour qui la compassion envers les victimes palestiniennes demeure le masque de l'antisémitisme. La violence du discours d'Elie Wiesel cité plus haut atteste la permanence de cette mémoire instrumentale dont l'une des composantes est la confusion entretenue entre Juifs et Israéliens. Placer indéfiniment le conflit israélo-palestinien sous la lumière noire du « crime des crimes » commis contre les Juifs par les nazis, c'est le projeter dans la démesure ; le contenir tout entier dans sa dimension religieuse, c'est l'inscrire dans l'éternité de la haine, dans une insurmontable division « Eux/Nous ».

Le meurtre d'Itzhak Rabin nous rappelle que le tracé de cette frontière amis/ennnemis est instable, se déplaçant au gré des circonstances et des rapports de force. Il menace Israël dans son être même en y introduisant les germes d'une guerre civile. Les accusations de « collaboration avec les héritiers de Hitler » lancées contre les partisans d'Oslo sont répandues dans de larges secteurs de l'opinion israélienne, menant tout droit à une radicalisation sans fin. Cette mémoire destructrice, manichéenne, embrigade et fait parler les morts dans une confrontation infinie entre victimes et bourreaux éternels. Lutter contre un tel asservissement de la pensée est primordial, dans ce conflit comme dans d'autres.

Rony Brauman, janvier 2001

---

1. Cité par Wladimir Rabi, *Un peuple de trop sur la terre ?*, Les Presses d'aujourd'hui, 1979, p. 17.
2. Voir Esther Benbassa, « Le Judaïsme américain, un nouveau monde » in *Notre Histoire*, nov.-déc. 2000.
3. Georges Bensoussan, *Auschwitz en héritage : d'un bon usage de la mémoire*, Éditions Mille et une nuits, 1998, p. 46.
4. Gidéon Hausner, *Justice à Jérusalem*, Flammarion, 1976.
5. Voir Rony Brauman et Eyal Sivan, *Éloge de la désobéissance, À propos d'un « spécialiste », Adolf Eichmann*, Éditions Le Pommier, 1999.
6. Georges Bensoussan, *op. cit.*, p. 48. Abba Eban était ministre des Affaires étrangères d'Israël pendant la guerre de 1967.
7. Tom Segev, *Les Premiers Israéliens*, Calmann-Lévy, 1998, p. 140.
8. Voir Eyal Sivan, *Izkor, les esclaves de la mémoire*, documentaire, 97 min., 1991, K Films.
9. Zeev Sternheel, « Révolution laïque pour le sionisme », *Le Monde diplomatique*, mai 1998.
10. Voir Henry Rousso, *Le Syndrôme de Vichy : 1944-1987*, Le Seuil, 1987.
11. Edward Said, « Les Palestiniens, victimes des victimes », *Le Monde*, 27 mai 1998.
12. Discours de Mordechaï Gur (ancien chef d'État-major puis ministre de la Défense d'Israël) au mémorial Yad Vashem, cité par Arno Meyer dans « Les Pièges du souvenir », *Esprit*, juillet 1993.

Chez le même éditeur :

Alain Brossat, *Le Corps de l'ennemi. Hyperviolence et démocratie.*

Jacques Rancière, *Aux bords du politique.*

Jacques Rancière, *Le Partage du sensible, esthétique et politique.*

André Schiffrin, *L'Édition sans éditeurs.*

Edward Said, *Israël-Palestine, l'égalité ou rien.*

Olivier Razac, *Histoire politique du barbelé. La prairie, la tranchée, le camp.*

Tiqqun, *Théorie du Bloom.*

Ilan Pappé, *La Guerre de 1948 en Palestine. Aux origines du conflit israélo-arabe.*

Robespierre, *Pour le bonheur et pour la liberté. Discours choisis et présentés par Yannick Bosc, Florence Gauthier et Sophie Wahnich.*

Cet ouvrage a été achevé d'imprimer
par l'Imprimerie Floch à Mayenne
en janvier 2001.

Numéro d'impression : 50575
Dépôt légal : février 2001
Imprimé en France